AF312702

TARIF

DES

DROITS DE DOUANE,

ET

État des prohibitions à l'entrée et à la sortie ;

Précédé et suivi d'observations sur tout ce qui a rapport à ces perceptions, et terminé par l'État des produits.

———

A PARIS,

Chez ANT. BAILLEUL, au bureau du *Journal du Commerce*, rue Grange-Batelière, N°. 3.

———

PLUVIOSE AN XI. -- (1803.)

OBSERVATIONS PRÉLIMINAIRES.

L'AGRICULTURE et l'industrie manufacturière, qui sont les sources de la prospérité publique, étaient gênées par des entraves sans nombre : les droits de traites existans sous diverses dénominations, et établis sur les limites, soit extérieures, soit intérieures des anciennes provinces de France, sans aucune proportion avec leurs facultés, sans égard à leurs besoins, fatiguaient par le mode de leur perception, autant que par leur rigueur même, non-seulement les spéculations commerciales, mais encore la liberté individuelle. Ces droits rendaient différentes parties de la France étrangères les unes aux autres ; ils resserraient les consommations, et nuisaient ainsi à la reproduction et à l'accroissement des richesses nationales. Il y a été pourvu par une loi du 5 novembre 1790, qui, en supprimant les bureaux intérieurs et les tarifs existans, a voulu que ces divers tarifs fussent remplacés par un seul, dont les droits ne seraient perceptibles que sur nos relations extérieures.

Ce tarif, protecteur et conservateur des fabriques nationales, porte la date du 15 mars 1791.

Pour connaître quels étaient les droits de douanes alors existans, il faut recourir au dictionnaire en 4 volumes, publié en 1785, par le cit. Magnien, administrateur de cette partie. On nous saura sans doute gré de rappeler ce qui l'obligea à faire imprimer ce travail et quels en ont été les résultats.

Le commerce de Rouen s'était plaint de l'impossibilité où il se trouvait d'être instruit des changemens qui s'étaient opérés dans la quotité des droits d'entrée et de sortie. La cour des Aides de Normandie avait en conséquence enjoint, par arrêt du 22 mars 1782, à l'adjudicataire des fermes, sous peine d'amende arbitraire, de faire imprimer et déposer, dans le délai de 4 mois, tant au greffe de la cour que dans chaque bureau, un tarif qui comprendrait les marchandises dénommées à celui de 1664, celles qui depuis pouvaient y avoir été assujéties, la quotité des droits et la mention des titres des établissemens et modifications.

Les dispositions de cet arrêt n'ayant encore reçu aucune exécution au mois de mars 1785, le citoyen Magnien attribuait ce retard à l'intention qu'il supposait à la ferme générale de vouloir comprendre dans ce tarif les droits de douane de Lyon et de Valence, dont la vraie quotité était inconnue au commerce et à la majeure partie des employés. Il lui offrit en conséquence ce travail complet : sa proposition fut rejetée ; et cependant le tarif ordonné ne paraissait pas. Alors il livra le sien à l'impression ; mais on le saisit au moment où le 3e. volume s'achevait ; il pensa

que, pour prévenir les suites de cet évènement, il suffirait de mettre les commissaires-généraux du commerce à portée d'apprécier un ouvrage à la publicité duquel ils avaient le plus grand intérêt, et plusieurs feuilles leur en furent envoyées. Ils en entretinrent le ministre des finances, qui, sur leur proposition, appela à Paris, par décision du 19 septembre 1785, l'auteur, et lui assigna, avec une pension de 5,000 fr., un traitement proportionné à l'utilité dont pourraient y être ses services.

Aussi-tôt que le comité de commerce de l'assemblée constituante fut formé, il admit à ses séances le cit. Magnien et, à l'époque de la loi du 5 novembre 1790, la section des douanes lui proposa une place d'administrateur. Il en avait préféré une autre, dans laquelle il pensait qu'il rendrait plus de services ; mais les cit. Rœderer, De Fermond, Dauchy et Fontenay, membres des comités de l'imposition et du commerce, jugèrent qu'il importait essentiellement au succès de la nouvelle administration, que celui qui avait proposé et discuté les tarifs et la législation, et dont le plan d'organisation était adopté, fût membre de cette administration. Quatre comités réunis partagèrent cet avis, et un décret du 29 avril 1791, rendu sur leur rapport, créa pour lui une huitième place d'administrateur. Il continua d'assister au comité de commerce de cette assemblée ; par suite il fut appelé à tous ceux des sessions subséquentes : il y fut l'organe de son administration. Ces faits expliquent comment il a pu, tant en son nom qu'à celui de ses collègues, coopérer à la réforme d'une partie des dispositions inconsidérées qui avaient été décrétées en l'an 2.

Un arrêté du comité de salut public, du 10 frimaire de ladite année, avait interdit aux français presque tous les rapports commerciaux qu'ils avaient précédemment avec le reste de l'Europe, et un décret du 21 ventose suivant, n'avait permis l'extraction des productions surabondantes, qu'à condition d'en rapporter la contre-valeur en objets de première nécessité, et d'obtenir une autorisation spéciale. Par cette mesure, le négociant qui voulait exporter, était tenu d'attendre une permission, toujours lente à venir, ou forcé de rendre publique, et long-tems d'avance, une opération dont souvent le succès dépend de la discrétion avec laquelle elle est dirigée ; et comme celui qui envoie à l'étranger des vins, des eaux-de-vie, des étoffes, etc., n'est pas le même qui fait arriver des potasses, des laines, des huiles, etc., en contraignant un négociant à faire la double opération, on l'empêchait d'en exécuter aucune.

A

Dès qu'il fut permis d'espérer un changement à cet ordre de choses, l'administration des douanes le proposa au comité de commerce ; il en résulta la loi du 12 pluviose an 3, qui, en déterminant les productions dont l'exportation continuerait d'être défendue, permit, sans condition, la sortie des autres.

Bientôt elle provoqua de nouvelles dispositions. Elle observa que le tarif de 1791 n'avait imposé à des droits de sortie que les bestiaux, les vins, les métiers, les laines, les cotons et quelques autres matières premières, et qu'il avait restreint les prohibitions, également à la sortie, aux bois et charbons, au tan, aux soies, à certaines espèces de peaux et de poils, au groisil et aux matières propres à la fabrication de la colle et du papier, et qu'il importait de se rapprocher, autant que les circonstances le permettraient, des bases de ce tarif. L'administration des douanes invoqua, à l'appui de son opinion, les principes d'économie politique, d'après lesquels, si l'on veut multiplier les produits de l'industrie agricole et manufacturière, il faut permettre au commerce d'échanger à l'étranger l'excédent de ses besoins. Les lois contraires, dictées par des craintes exagérées ou de faux systèmes, lui paraissaient avoir paralysé l'industrie française, et causé de grandes calamités, qu'il était instant de réparer. Toute prohibition à la sortie sur le superflu des richesses territoriales et industrielles, ou même sur des matières premières d'une reproduction ou d'un remplacement facile, lui semblait funeste à l'état, qui ne devait d'ailleurs jamais établir des droits de sortie d'une quotité telle qu'elle mit obstacle à une exportation utile ; elle fixa l'attention de l'assemblée sur certaines productions du nouveau territoire français, qui ne pouvaient trouver de débouché favorable qu'à l'étranger, et qui, conséquemment, ne devaient pas être soumises aux règles générales ; enfin, la faculté de réexporter les monnaies étrangères, les laines et les cotons, lui paraissait le meilleur moyen d'en assurer l'abondance. Ces observations ont amené, avec le tems, les lois des 19 thermidor an 4, 24 nivose an 5, et 9 floréal an 7.

Si l'ancienne administration des douanes n'a cessé de manifester des principes libéraux, quelle confiance le commerce ne doit-il point avoir dans la continuelle sollicitude du gouvernement pour sa prospérité ? Le premier consul en a donné une nouvelle preuve, en appelant à la direction générale des douanes et au conseil-d'état celui de ces administrateurs que ses principes, des connaissances acquises par trente années d'expérience, des services distingués, tant dans cette partie que dans les deux préfectures qu'il a occupées, avaient rendu le plus propre à exercer une place aussi importante, et à seconder les vues du gouvernement.

Déja les consuls ont permis l'exportation des matières et espèces d'or et d'argent, des brais et goudrons, des cordages, des pierres à feu, de la poudre de chasse, etc. ; ils ont supprimé les droits de sortie sur certains ouvrages de cuivre ; et bientôt, sans doute, ils examineront quels sont les autres objets susceptibles des mêmes faveurs.

L'expérience peut seule éclairer sur les changemens à faire au tarif pour l'entrée. L'attention pour le moment doit spécialement se porter sur l'effet des grandes mesures que le gouvernement, convaincu de l'insuffisance des moyens ordinaires pour la répression de la contrebande, a voulu, par les arrêtés des 5 et 14 frimaire dernier, opposer à ce fléau destructeur des fabriques nationales, et désastreux pour le négociant de bonne-foi. Ainsi, nous nous bornerons à indiquer les objets sur lesquels les droits actuels d'entrée different de ceux qui avaient été établis par le tarif de 1791.

Les augmentations affectent les cotons en laine, les bois de marquéterie, le caret, les cuirs secs en poil, le cacao, le café, les sucres, le poivre et les tabacs en feuilles, dont l'introduction nuit à ceux de nos colonies ; les charbons de terre, dont l'importation trop abondante contrarierait l'exploitation de nos mines ; les armes blanches, et quelques espèces de cuivre ouvré, dont les manufactures de Klingenthal, celle de Romilly, etc. etc. ne pouvaient pas soutenir la concurrence étrangère ; l'eau-de-vie et les liqueurs, afin de favoriser nos vignobles ; enfin l'eau-forte et l'esprit de soufre, dont il importe de multiplier nos fabriques.

Les droits d'entrée du tarif de 1791 n'ont été diminués que sur l'indigo, la couperose verte, l'aigre de vitriol, les toiles de coton, les toiles de chanvre et le thé.

A l'égard des prohibitions à l'entrée, le tarif de 1791 en avait conservé peu. Les décrets des premier mars 1793 et 10 brumaire an 5 en ont établi un grand nombre. La nomenclature de celles existantes se trouve ci-après, page 3.

MARCHANDISES PROHIBÉES A L'ENTRÉE.

Prohibition absolue.

Argent et or faux-filé sur soie, et étoffes avec or ou argent faux.

Basins. — Bonneterie et boutons de toute espèce.

Cartes à jouer. — Chapeaux anglais (en paille). — Chevaux anglais. — Chicotins ou sacs à tabac. — Coton filé. — Coutellerie. — Cristaux. — Cuirs tannés, corroyés ou apprêtés, ouvrés ou non ouvrés.

Draps de laine, de coton et de poil, ou mélangés de ces matières.

Eau-de-vie autre que de vin. — Etoffes de laine, de coton et de poil, ou mélangées de ces matières.

Faïence ou poterie, connue sous la dénomination de *terre de pipe*, ou *grès d'Angleterre*.

Gazes anglaises.

Harnais et tous autres objets de sellerie. — Horlogerie.

Laines filées.

Médicamens composés comme confections, corail en poudre, etc. — Mélasse. — Monnaies de métal. — Mousselinettes.

Nankinettes.

Ouvrages de peaux, consistant en gants, culottes et gilets. — Ouvrages en fer, acier, étain, cuivre, airain, fonte, tôle (1). — Ouvrages en fer-blanc et autres métaux, polis ou non polis, purs ou mélangés.

Peaux pour gants, culottes ou gilets. — Plaqués et piqués de toute sorte. — Poids de marc, et tous autres ustensiles destinés à peser ou à mesurer suivant l'ancien usage. — Poil filé, autre que de chèvre et en écheveaux. — Poudre à tirer.

Quincaillerie fine.

Rapontic, ou fausse Rhubarbe. — Rubans anglais.

Salpêtre (2). — Schalls anglais. — Sel de nitre, de quinquina, de rhubarbe. — Sel marin. — Sel de salines.

Tabac fabriqué, même celui en sigare. — Tabletterie. — Tapis dits anglais.

Velours de coton. — Verrerie, autre que les verres

---

(1) L'article 1er. de la loi du 19 pluviôse an 5 excepte de la prohibition les objets compris dans la classe de la mercerie commune, les armes de guerre, les instrumens aratoires et les outils pour les arts et métiers, de quelques matières qu'ils soient composés.

(2) Les fabricans qui l'emploient comme matière première peuvent en tirer par Lorient, le Havre, Dunkerque, Anvers ou Marseille. *Arrêté du 27 pluviôse an 8.*

servant à la lunetterie et à l'horlogerie. — Voitures montées ou non-montées.

Prohibition d'entrée par certains Bureaux.

On ne peut admettre par des bureaux de terre non-placés sur les grandes routes :

Plus de cinq livres métriques pesant de drogueries et épiceries ;

Plus de vingt-cinq livres aussi métriques de toile de lin et de chanvre, blanche ou écrue, de basins de fil, bougrans et treillis ;

Des soies et filoselles, telle modique qu'en soit la quantité ;

Des siamoises, des batistes, linons et toiles de coton blanches.

Les mousselines, même de l'Inde, ne peuvent entrer par mer que par les ports de Bordeaux, Nantes, Lorient et le Havre ; par terre, que par les bureaux de Bourg-Libre, Verrières-de-Joux et Versoix. *Loi du 9 floréal an 7, titre 1, art. 2.*

Les toiles peintes, teintes ou imprimées, que par ces trois derniers bureaux. *Même article.*

Les toiles de coton blanches brochées, brodées ou rayées, ne peuvent entrer que par les bureaux ouverts aux mousselines. *Suite de l'arrêté du 24 frimaire an 11.*

Les tabacs en feuilles, que par Bordeaux, la Rochelle, Nantes, Lorient, Morlaix, Saint-Malo, le Havre, Dieppe, Dunkerque, Ostende, Marseille et Cette ; Cologne, Mayence et Strasbourg. *Loi du 29 floréal an 10 ;* et pour Anvers, *Arrêté du 2 thermidor.*

Prohibition, à défaut de certificat d'origine.

Tous objets de fabrique étrangère (1) dont l'entrée est permise, ne sont admis dans l'intérieur de la république, qu'autant qu'ils sont accompagnés de certificats d'origine, conformément à la loi du 1er. mars 1793. *Loi du 10 brumaire an 5, art. 15.*

Les objets de fabrique de l'Inde ne peuvent être importés qu'autant qu'ils sont accompagnés de certificats (2) délivrés par les compagnies hollandaise ou

---

(1) Parmi lesquels sont compris les huiles et acides vitrioliques.

(2) Les toiles de coton blanches de l'Inde, destinées à l'impression ; les mousselines et les nankins de l'Inde n'y sont point sujets.

danoise, visés par les Consuls de France, constatant que ces objets proviennent du commerce de ces compagnies. *Même article.*

Marchandises absolument exemptes de droits à l'entrée.

Bestiaux, consistant en agneaux, béliers, bœufs, boucs, bouvillons, brebis, cabris, chevreaux, chèvres, cochons, génisses, moutons, taureaux, vaches.

Grains, sous la dénomination desquels le riz est compris, et non la farine.

Habillemens des voyageurs, ayant servi, qui n'excédent pas le nombre de 6. *Décision du 27 nivose an 8.*

Histoire-Naturelle destinée pour le *Muséum.*

Marchandises exemptes de droits d'entrée, qui, d'après la loi du 24 nivosa an 5. paient au choix du redevable, 15 cent. par 100 fr. de valeur, ou 51 centimes par quintal décimal composé de 10 myriagrammes, 204 livres.

A

Albâtre — amurca ou marc d'olive — anatrum — arbres en plants—argent et or en masse et lingots, espèces et bijoux cassés—argenterie étrangère vieille, quoique non cassée, et argenterie neuve au poinçon de France — argile ou terre glaise—aulne *(écorce d')* autruche en poil, ploc et duvet—avelanède ou valanède.

B

Bateaux, barques, canots et autres bâtimens de mer hors d'état de servir—battin non ouvré—beurre, biscuit de mer—bois à bâtir et à brûler—de construction navale et civile, en planches et madriers — bois de gayac en bûches. — bois merrain—bois à tan—bois de teinture en bûches ou éclisses—boules de terre—bourdaine—bourre et ploc de toute sorte—brou ou écorce de noix.

C

Caillou à faïence ou porcelaine — calamine ou cadmine — caractères vieux d'imprimerie en sac ou bloc—carreaux de pierre—carton gris ou pâte de papier—castines—cendres à l'usage des manufactures, comme cendres communes, d'orfèvre et de chaux—chairs salées — chanvre, même apprêté ou en filasse—charbon de bois et de chenevotte—chardons à drapiers et bonnetiers. — chevaux autres qu'anglais—cheveux — ciment— coco *(coques de)*—coquillages d'histoire naturelle—coquillages de mer — cordages usés—coris—cornes de moutons, béliers et autres communes, ce qui comprend les cornes rapées ou clapons. —cuivre rouge brut, fondu en gâteau ou plaque, lingot, rosette et mitraille rouge de toute espèce — cuivre jaune en mitraille — cuivre en flaons pour les monnaies.

D

Derle ou terre de porcelaine — dibdivi.

E

Eaux minérales, sauf le droit sur les bouteilles—échantillons de gants et de bas de soie, dépareillés, et n'excédant pas le nombre de trois — écorce à faire du tan—écorce de grenadier — écorce de tilleul pour cordages — effets à l'usage des voyageurs — engrais de toute sorte pour les terres — éponges servant à la fabrication de l'amadou—étoupes de chanvre et de lin.

F

Farines de toute sorte, excepté celle d'avoine—fer en gueuse—ferraille et vieux fer—feuilles de houx, de myrthe, de noyer, et autres propres à la teinture et aux tanneries—feuilles de lierre—fil de mulquinerie et fil de linon—foin et herbes de pâturages—fruits cruds non dénommés au tarif — fumiers —fustel *(feuilles et branches de)*—futailles vuides ou en bottes.

G

Galles légères—galons vieux pour brûler—garance verte—garouille—gaude—gazettes et journaux — genestrole—gibier—gommes de cerisier, abricotier, pêcher, prunier, olivier, et autres communes pour la chapellerie—graines d'esparcette et autres propres à semer dans les prairies, de genièvre, de jardin, de légumes et de fleurs de myrtille, d'avignon—graine jaune—graine de vers à soie—graisses de toute sorte—gravelle—groisil—gruau de blé noir.

H

Héliotrope — herbages frais—herbes propres à teinture, non dénommées au tarif—herbe de maroquin—herbe jaune—herbe de pâturage—histoire naturelle—houblon.

J

Jais brut—jus de citron et de limon.

L

Laines non filées—laines en bourre — laiton en lingots ou mitraille—lard frais—légumes verds—librairie en langue étrangère ou savante—lichen—lie de vin—limaille de cuivre—lin crud, tayé ou apprêté —linge vieux ou drilles—linge de corps, comme caleçons et chemises, dans une quantité relative au nombre des habits dont l'entrée est permise.

M

Machefer—malherbe—manganèse—marc d'olive—mâts pour vaisseaux—médailles—mines de fer—momies—munitions de guerre de toute sorte.

N

Nerprun — nerfs de bœufs et autres animaux.

O

Œufs de volaille et de gibier — oignons de fleurs—or brûlé—oreillons — orseille, même apprêtée — os de bœufs et autres animaux — osier en bottes.

P

Paille — pain de navette, lin et colza — parche-min neuf et brut et en rognures — pastel ou guelde — pastel d'écarlate — pavés — peaux en verd et peaux de veaux sèches, en poil — peaux et poils en masse et non filés de castor et de loutre, de lièvre et de lapin — pennes ou paines de laine et de fil — pérelle, même apprêtée — Périgord ou Périgueux — perles fausses ou fines non montées — pierres à bâtir — pierre de choin, même taillée sans être polie — pierres fausses ou fines, même montées — pierres à plâtre — pierre savonneuse — plâtre — poil, ploc ou duvet d'autruche — poil de chèvre, de chameau, de bouc et de che-vreau, non-filé — poil de chien filé — poisson d'eau douce frais — potasse — pozzolane — pressure.

R

Racine de thimélée — redon — redoul (*feuilles de*)

— rogues ou resures de morue — rosnas — roseaux or-dinaires et à l'usage des toileries — ruches à miel.

S

Safran bâtard ou safranum — son — soude — soufre brut ou vif — soie en cocons et bourre de toute sorte — spalt — stuc — suif — sumac — suie de cheminée.

T

Tableaux sans bordure — talc, même de Moscovie, ou mica — tan — terre d'ombre, de lemnos, rouge, rubrique — terre moulard, à pipe et sigillée — tourbe — tournesol en pain, pierre ou morelle en drapeaux — toutenague ou zing.

V

Vendanges — verre cassé — verre de Moscovie — volaille.

MARCHANDISES sujettes aux droits d'entrée, et quotité de ces droits, non compris le décime par franc.

Nota. Quand il n'est point énoncé que le droit sera perçu à la valeur, au nombre, à la mesure ou à la livre mé-triques, il est dû au quintal décimal, composé de dix myriagrammes, qui font 204 livres, ancien poids.

Par *livre*, on doit entendre une livre métrique;
Par *once*, une once métrique ou un hectogramme;
Le droit est dû au brut, si le mot *net* n'est point exprimé.

A

	fr.	c.	
Absynthe, herbe, le quintal décimal.................		51	
Acacia, drogue...........	12	24	
Acaja, ou Prunes de Montbain.	2	4	
Acajou (*noix d'*)..........	3	6	
Acier non ouvré et acier fondu.	3	6	
Acier en feuille ou en planche.	10 p. § de la valeur.		
Acier autrement ouvré. (Voy. Ouvrages.)			
Acorus, vrai ou faux........	3	6	
Aes-ustum, ou Cuivre brûlé.	3	6	
Agaric, autre que celui ci-après....................	8	16	
Agaric entrochique..........	15	30	
Agnus-castus (*graine d'*)....	4	8	
Agraffes de fer.............	10 p. ⅖ de la valeur.		
Agrès, ou Apparaux de navires.	10 p. ⅖ de la valeur.		
Aigle (*pierre d'*)..........	2	4	
Aigre, Esprit ou Huile de vi-triol, ou Acide vitriolique..	20	40	
Aiguilles. (à Mercerie.)			
Ail......................		51	
Aimant (*pierre d'*)........	2	4	
Airain. (V. Bronze.)			
Alisari. (V. Garance sèche.)			
Alkecange, baies et feuilles..	2	4	
Alkerme, ou Ecarlate.......	1	2	
Allière. (*graine d'*)........	1	2	
Alumettes.................	1	22	
Aloès....................	8	16	
Alpagates, ou Souliers de corde...................	1	50 les 12 pair.	
Alpiste, ou Millet..........	1	2	
Alquifoux.................	1	2	
Alun, excepté celui ci-après..		51	
Alun brûlé ou calciné.......	30	60	
Amadou..................	6	12	
Amandes en coques........	2	4	
Amandes cassées...........	4	8	
Ambre gris et liquide........	30	60 la liv. net.	
Ambre jaune..............	18	36	
Ambrette, ou Abelmosc....	5	10	
Amiante..................		51	
Amidon..................	10	20	
Ammomum ou racemosum ou verum...............	15	30	
Ammoniac (*sel d'*)........	10	20	
Ammy....................	4	8	
Anacardes................	6	12	
Anchois..................	18	36	
Ancres de fer.............	3	6	

B

Article	fr.	c.
Anes ou Anesses....		25 la pièce.
Angélique. (*graines, racines et côtes d'*)...	8	16
Anis verd. (*graine ou semence d'*)...	6	12
Anis étoilé, Badiane ou Anis de la Chine...	10	20
Antale ou Antalium, coquillage...	3	6
Antimoine crû...	3	6
Antimoine préparé...	8	16
Antolphe de girofle...	50	60
Antore, ou Antora...	2	4
Appios, ou fausse Angélique.	5	10
Apocin (*graine d'*)...		51
Arcanson, ou Brai sec...		51
Arco, ou Potin gris...	9	18
Ardoise ordinaire pour couverture de maisons...	3	le mille en nomb.
Ardoise en table...	2	50 le c. en n.
Aréca, ou Aréque...	5	10
Argent faux ou Cuivre argenté, et Argent faux en lames, en feuilles, trait ou battu...	102	
Argent faux, filé sur fil ou filé faux...	163	20
Argent fin en trait, en lames, en feuilles, battu et filé...	24	48 } la liv. net.
Argenterie de toute sorte (excepté celle vieille étrangère, et celle neuve au poinçon de France, revenant de l'étranger, qui sont exemptes.)..	24	48 }
Argent vif ou Mercure...	6	12
Argentine. (*graine*)...	1	2
Aristoloches...	3	6
Armes blanches...	204	
à feu...	73	44
Arsenic...	1	2
Asclepias ou Contrayerva blanc	8	16
Aspalatum. (V. Bois d'aloès).		
Asphaltum ou Bitume de Judée	10	20
Aspini ou Epines anglières...	2	4
Assafetida, ou Stercus diaboli.	6	12
Avelines, ou Noisettes...	3	6
Aventurines.. ...	5	p. % de la val.
Avirons de bateaux, le cent en nombre...	1	
Aulnée ou Enula campana. (*racine d'*)...		51
Avoine (*gruau* ou *farine d'*).	3	6
Autour...	20	40
Azarum...	1	2
Azur de roche fin ou Lapis lazuli, au net...	122	40
Azur en pierre ou Smalt...		51
Azur en poudre ou Email...	6	12

B

Article	fr.	c.
Baies de laurier...	1	53
Balais de bouleau, et autres communs...	5	p. % de la val.
Balaustes fines et communes..	5	10
Baleine coupée et apprêtée...	61	20
Baleine en fanons...	50	60
Balles de paume...	12	24
Bambous...	12	p. % de la val.
Bandes de roues. (Comme Fer en verges.)		
Bandoulières ou Baudriers. (Prohibés.)		
Bangue...	6	12
Barbotine ou Semen contra..	10	20
Barbues et Barbançons. (Comme poterie de terre.)		
Bardane. (*racine de*)...		51
Bas. (V. Bonneterie.)		
Basin. (Prohibé.)		
Batistes. (V. Linons.)		
Bâts, Selles grossières, la pièce.		50
Bateaux du Rhin, neufs...	10	p. % de la val.
Bâtimens de mer en état de servir...	2½	p. % de la val.
Battefeux. (à Mercerie.)		
Baume, la livre net.		
du Pérou, noir, liquide, sec, de Tolu et de la Mecque...	2	55
du Canada...	1	2
de Copahu...		51
Bedelium...	12	24
Ben (*noix de*)...	12	24
Benjoin de toute sorte...	20	40
Besoard, ou Pierre de fiel, au net...	122	40
Bétel (*feuilles de*)...	20	40
Beurre de nitre et de salpêtre..	6	12
Beurre de pierre. (V. Kamine mâle.)		
Beurre de Saturne...	5	10
Bierre, les 2 hectolitres 68 litres 15e équivalant au muid de Paris, de 144 pots, formant 288 pintes...	10	
Bijouterie de toute sorte...	12	p. % de la val.
Bimbloterie. (Comme Mercerie.)		
Bismuth ou Etain de glace...	2	4
Eisnague ou Visnague (*taille d'*)...	12	24
Bistorte...	1	53
Bistre...	1	53
Bitumes, non dénommés au présent tarif...	2	4
Blancs à l'usage des femmes..	48	96
Blanc de plomb en écaille....	12	24
Blanc de baleine...	50	60
Bleu de Prusse...	61	20
Bois d'Acajou et de marqueterie...	15	
Bois de buis...	2	4

	fr.	c.
Bois d'éclisses, pour tamis, seaux, cribles, etc........	5 p. % de la val.	
Bois feuillards, pour cercles ou lattes, etc..............	25 le mil. en n.	
Bois de miroirs non-enrichis. (à Mercerie.)		
Bois ouvrés de toute sorte....	15 p. % de la val.	
Bois sciés, importés par les départemens de la Lys, de l'Escaut et des Deux-Nèthes	10 p. % de la val.	
Bois d'aloès ou Aspalatum de baume, ou Xile balsamum.	40	80
Bois néphrétique, au net.....	51	
Bois tamaris..............	15	30
Bois de crable ou de girofle...	50	60
Bois de Rhodès, à l'usage des parfumeurs.............	10	20
Bois de sental citrin, au même usage	20	40
Bois de teinture moulu......	10	
Boîtes de bois blanc........	15	30
Boîtes ferrées, Boîtes de sapin peintes. (à Mercerie.)		
Boîtes ou Tabatières de carton, de papier..............	185	60
de cuir. (Prohibées.)		
Bol d'Arménie.............	4	8
Bonneterie. (Prohibée.)		
Borax brut ou gras........	6	12
Borax purifié et rafiné.......	25	50
Bouchons de liége..........	24	48
Bougettes. (à Mercerie.)		
Bougies de spermacéti, ou Blanc de baleine........	61	20
Bougran. (V. Toile gommée.)		
Boules de mail............	8	16
Bourgeons de sapin........	1	53
Bourses de cuir, de fil et de laine. (à Mercerie.)		
Boutargue................	6	12
Bouteilles de grès. (Comme poterie de terre.)		
Bouteilles de verre pleines, pour le verre.............	4 le cent en n.	
Boutons. (Prohibés) excepté ceux de coco et ceux de manches, d'étain et autres métaux communs. (à Mercerie.)		
Brai gras. (V. Goudron.)		
Briques, tuiles, le millier en n.		75
Briquets limés. (à Mercerie.)		
Bronze ou airain, et tout métal non ouvré, allié de cuivre, d'étain ou de zinc........	12	24
Bronze ouvré. (Prohibé.)		
Brosserie. (à Mercerie.)		
Bruyères à faire vergettes....		51
Brun rouge, ou Rouge brun..		51
Burail de Zurich...........	142	80

C

	fr.	c.
Cacao et épluchures de cacao, au net...................	75	
Cadrans d'horloge et de montre. (à Mercerie.)		
Cachou (*suc de*)...........	24	48
Café, au net..............	75	
Calamine blanche (V. Pompholix.)		
Calamus verus, aromaticus ou amarus................	4	59
Calcantum, ou Vitriol rubifié colchota...............	4	59
Calebasse de terre, plante....	1	2
Calebasse, courge vuidée et sèche...................	6	12
Camomille (*fleurs de*)......	6	12
Camphre brut et rafiné.....	12	24
Canelle blanche. (V. Costus doux).		
Canelle de Ceylan..........	3	6 la livre.
Canelle commune..........	1	53 la livre.
Canéfice.................	14	28
Cannes ou Joncs non montés..	51	
Cantarides (*mouches*)......	30	60
Caparaçons...............	15 p. % de la val.	
Capillaires...............	6	12
Câpres de toute sorte.......	12	24
Câprier (*racine de*)........	6	12
Carabé. (Ambre jaune.)		
Caractères d'imprimerie en langue française...........	81	60
Caractères en langues étrangères..................	40	80
Cardamomum, au net......	61	20
Cardes à carder...........	9	18
Caret (V. Écailles.)		
Carline ou Caroline, ou Caméléon....................	4	8
Carmin fin...............	28	56 la livre.
Carmin commun..........	16	32
Carpobalsamum..........	12	24
Carreaux de terre..........		75 le mille en n.
Carobe ou Carrouge.......		51
Cartami (*graine de*).......	3	6
Cartes géographiques.......	5 p. % de la val.	
Cartons de toute espèce......	48	96
Carvi ou Carvi semen.......	6	12
Casse...................	9	
Casse confite.............	50	60
Cassia lignea. (Comme Canelle commune.)		
Castoreum, au net.......	91	80
Catapuce ou Palma christi...	6	12
Cendres bleues et vertes, à l'usage des peintres, au net...	81	60
Cendres de bronze..........	6	12
Cerf (*os de cœur de*).......	20	40
Cerf (*moële, nerf, vessie de*)	6	12

Marchandise	fr.	c.	Observation
Cerf (*esprit, sel, huile de*)..	6	12	
Cerf (*corne rapée de*).......	4	8	
Céruse en pain et en poudre...	8	16	
Céterac, espèce de Capillaire.	1	2	
Cevadille (*graine de*).....	4	8	
Chaines de fer. (*grosses*) (Comme serrurerie.) (à Fer ouvré.)			
Champignons secs.........	30	60	
Chandelles de suif.........	6	12	
Chapeaux de castor et demi-castor..............	6		la pièce.
de toute espèce, en poil commun, ou laine.....	3		la pièce.
de paille, autres qu'anglais.	4		la douz.
de cuirs (Prohibés.)			
d'écorce de bois et de crin..	2	50	la douz.
Chapelets de bois et de rocaille. (à Mercerie.)			
Chapeaux marc de rose.....		51	
Charbon de terre, le tonneau de 10 q. 77 liv., importé par l'Océan, de St.-Jean-de-Luz aux Sables-d'Olonne, inclusivement............	8		
Des Sables-d'Olonne à Rhedon, inclusivement.....	10		
De Rhedon à Tréport, inclusivement..........	8		
De St.-Vallery-sur-Somme, jusqu'à la rivière de Canche..................	10		
D'Etaples à Anvers..	15		
Par tous les ports de la Méditerranée.,............	12		
Ces droits doivent être perçus par tonneau, lorsque la totalité du chargement est en charbon, et d'après la pesée réelle, à raison de 10 q., 77 liv. pour un tonneau, si le navire est chargé de marchandises sujettes à différens droits.			
Importé par terre, le baril de 120 livres.........		10	
Chaux à brûler, les 15 mètres, 572 millimètres cubes....		50	
Chicorée moulue.,.........			5 p. 0/0 de la v.
Chiens de chasse..........			50 la pièce.
Chocolat et cacao broyé et en pâte, au net.............	102		
Chouan ou Couan.........	51		
Chou-croûte.............	4	8	
Cidre, 2 hectolitres 68 lit. ..., correspondant au muid de Paris, de 144 pots........	6		
Cinabre naturel et artificiel..	20	40	
Cire blanche, non-ouvrée....	61	20	
ouvrée.,......	81	60	
Cire jaune, non-ouvrée......	6	.12	
ouvrée..........	48	96	
Cire à cacheter............	97	92	
à gommer, à l'usage des tapissiers...........	12	24	
pour souliers...........	61	20	
Citouard (voyez zédoaire).			
Civette..................	122	40	la liv. au n.
Cloches, Clochettes, Mortiers de fonte et de métal. (Proh.)			
Cloporte................	30	60	
Colbat ou Cobolt..........	2	4	
Cochenille, même en grabeau.	4	8	
Coco (*noix de*)...........	12	24	
Cofres non-garnis.(à Mercerie.)			
Colle, excepté celle ci-après..	12	24	
Colle de poisson...........	40	80	
Colliers de perles et de pierres fausses. (à Mercerie.)			
Colophone ou Colophane....		51	
Coloquinte...............	6	12	
Compas. (à Mercerie.)			
Confections. (Prohibées.)			
Confitures de toute sorte....	70		
Contrayerva	10	20	
blanc. (V. Asclepias)			
Coques du Levant........	8	16	
Coquilles de nacre, non travaillées...............	18	36	
Corail non ouvré, en fragmens.	20	40	
ouvré...............	15		p. 0/0 de la val.
Corail de jardin. (V. Poivre.)			
Coraline, ou Mousse marine.	4	8	
Cordages de jonc et de tilleul.	2	4	
Corderie (*ouvrages de*).....	8	16	
Cordes à violon. (Comme Mercerie fine.)			
Cordonnets de fil. (Comme Rubans de fil.)			
Cordonnerie (*ouvr. de*) (Proh.)			
Cordons de laine et de fil de chèvre mêlés. (V. Rubans.)			
Coriandre (*graine de*)......	1	53	
Cornes de bœufs ou de vaches.			25 le m. en n.
Corne de cerf et de snak.....	2	55	
de cerf rapée (V. Cerf.)			
rondes ou plates, à faire peignes.............	5	6	
brulées et ébauchées, pour manches de couteaux. (Comme celles rondes.)			
de licornes.........	6	12	la livre.
claires à lanternes. (à Mercerie.)			
Cornets à jouer, de corne ou de cuir. (à Mercerie.)			
Cornichons confits.........	8	16	
Costus indicus et amarus, au n.	122	40	

	fr.	c.
Costus doux, ou Canelle blanche...	8	16
Coton filé (Prohibé.)		
Coton en mèche de lampe.	10 p. ⅔ de la val.	
Coton en laine...	3	
du levant...	2	
Couleurs à peindre, de toute sorte, en sacs, en vases, en boites et en tablettes...	14	28
Couperose blanche ou bleue...	15	30
verte...	5	10
Coutellerie (*ouv. de*) (Prohib.)		
Coutils de toute sorte...	81	60
Couvertures de soie, de filoselle et fleuret...	204	
de coton ou de laine.	102	
de ploc et autres basses matières..	48	96
Crasse de cire...	5	6
Crasse ou Pierre de sel...	5 p. ⅔.	
Craie ou Alana...	1	2
Crayons en pastel, et autres de toute sorte...	10	20
Crayons noirs...	1	2
Crême ou Crystal de tartre..	9	18
Crêpes de soie de toute sorte.	9 la p. de 11 m. 88 cent.	
Creusets d'orfèvre, ou propres aux monnaies (Comme poterie de terre.)		
Crin frisé ou uni...	4	8
Crystal de roche non-ouvré..	50	60
ouvré (Prohibé.)		
Cruches de grès. (Comme poterie de terre).		
Cubèbe ou Poivre à queue...	4	8
Cuirs bouillis (Prohibés.)		
Cuirs et Peaux (V. Peaux.)		
Cuirs secs en poil, la pièce...		25
Cuirs ouvrés (Prohibés.)		
Cuivre jaune. (V. Laiton.)		
Cuivre en chandeliers, flambeaux, mouchettes, tire-bouchons, et autres ouvrages de même espèce. (à Mercerie.)		
Laminé, pour doublage de navire et à fonds de chaudières, barre à cheville, cloux de cuivre rouge durcis au marteau; cloux de cuivre allié pour doublage et pentures de gouvernail...	76	50
Ouvrés, de toutes autres espèces que ceux ci-dessus. (Prohibés.)		
Cumin...	2	4

	fr.	c.
Curcuma (Terra merita.)		
Cyperus. (V. Souchet.)		

D

	fr.	c.
Dattes...	4	8
Daucus (*graine de*) ou semen d'anci...	10	20
Dégras de peaux...	10	20
Dentelles de fil et de soie...	30	60
d'or fin...	122	40
d'argent fin... (la l. net.)	81	60
d'or et d'argent faux.	24	48
Dentelle grossière de fil fabriquée aux environs de Nimègue...	10 p. ⅔ de la val.	
Dents d'éléphans ou Morphil.	10	20
de loup (V. Loup).		
Dez à coudre, autres que d'or et d'argent, et dez à jouer. (à Mercerie).		
Dictame ou Radix dictami, en feuilles...	4	8
Dominoterie. (Comme Mercerie.)		
Dragées de toute sorte...	30	60
Draperie ou étoffes de laine. (Prohibée.)		
Draps et étoffes de coton. (*id.*)		
Duvet de rigue, d'oie et de canard...	50	60

E

	fr.	c.
Eau de cerise (v. Kirschwaser.)		
Eau-de-vie, autre que de vin. (Prohibée.)		
Eau-de-vie simple...	15 le litre.	
double et rectifiée, au-dessus de 22 degrés, jusques et compris 52...	30 le litre.	
(au-dessus de 52 degrés, c'est de l'esprit-de-vin.)		
Eau-de-vie d'Andaye. (Comme liqueur.)		
Eau-forte...	20	40
Eaux médicinales, et de senteur, au net...	61	20
Eau de fleur d'orange, même droit.		
Ecaille d'ablette...	2	4
Ecailles de tortue de toute sorte...	45	
Ecarlatte (*graine d'*)...	1	2
Ecorces de citrons, d'oranges et bergamottes..	8	16
de câprier...	6	12

G

	fr.	c.
Écorces de Coutilawan.....	12	24
de gayac.........	1	53
de mandragore, ou faux-gens-eng...	18	36
d'orme pyramidal..	2 ½ p. % de la val.	
de simarouba......	15	30
de tamaris........	6	12
Écritoires simples.(à Mercerie.)		
Écume de verre (V. Anatrum).		
Éderdon ou Édredon......	2	4 la livre.
Ellébore noir ou bl. (*racine d'*)	4	8
Émail brut...............	12	24
ouvré...............	91	80
en poudre (V. Azur).		
Émeril en poudre et en grains.	1	2
Emporte-pièces. (à Quincaillerie fine.)		
Encens commun ou Galipot...		51
fin ou Oliban........	10	20
Encre à écrire...........	24	48
de la Chine........	81	60
à imprimer et en taille douce...........	12	24
Enula campana. (V. Aulnée.)		
Éperons communs. (à Mercerie.)		
Épingles blanches........	61	20
Épithimes ou Cuscutes....	4	8
Épiceries non dénommées...	10 p. % de la val.	
Éponges fines............		51
communes, dont la valeur du quintal n'excède pas 500 fr......	6	12
Escajolles...............		51
Esprit ou Essence de bergamottes et de citrons......	1	53 la livre.
de girofle...........	4	8 la livre.
de nitre et de soufre....	20	40
Esprit de sel.............	50	60
Esprit ou Essence de térébenthine................	6	12
Esprit de vin.............		45 c. le litre.
Essaie...........	1	2
Essence ou Quinte-sence d'anis, au net............	204	
Essence de canelle........	146	88 la liv. net.
de romarin et autres semblables, au net.	81	60
de rose ou Rhodium..	48	96 la liv. net.
Estampes de toute sorte.....	15 p. ½ de la val.	
Esule. (Racine *médicinale*)..	1	5
Étain non-ouvré, et celui usé ou brisé...............	4	8
En cuillers et fourchettes, et autres menus ouvrages. (à Mercerie.)		
En feuilles ou battu....		51
Étain ouvré, autre que ceux ci-dessus. (Prohibé.)		
Étain de glace (V. Bismuth).		
Étaux, omis...............	10 p. % de la v.	

	fr.	c.
Étoffes de soie, unies......	15	50
brochées, sans or ni argent...........	18	36
avec or et argent fin..	50	60
de soie mêlées d'autres matières, sans or ni argent............	12	24
mêlées avec or et arg. fin.............	16	32
de filoselle ou fleuret..	6	12
avec or et argent fin..	9	18

> la livre n.

Étoffes de laine, de coton et de poil, ou mélangées de ces matières. (Prohibées.)		
Étoffes avec or et argent faux. (Prohibées.)		
Étriers. (Comme Mercerie.)		
Étrilles.(Comme grosse Quincaillerie de fer.)		
Éventails communs. (à Mercerie.)		
fins d'une val. excédant 1 f. 50 pièce. (Comme Mercerie fine).		
Euphorbe...............	6	12
Euphraise...............	4	8

F.

	fr.	c.
Fabago (*racine de*).......	5	6
Faïence et poterie de grès...	24	48
Celle connue sous la dénomination de Terre de pipe ou Grès d'Angleterre. (Prohibée.)		
Faisse ou Lie d'huile.......	9	18
Faulx, faucilles. (à Quincaillerie).		
Fenouil (*graine ou semence de*)...................	6	12
Fenugrec................		51
Fers en verges, feuillards, carillons, rondins et autres qui ont subi une première main-d'œuvre................	5	6
en barres.............	2	4
ouvrés de toute sorte, comme fers en taillanderie, ressorts de voitures, ouvrages de serrurerie, en fonte, en plaques de cheminées, etc. (Prohibés.)		
Fer-blanc.	12	24
noir.................	6	12
en tôle...............	6	12
Fer-blanc ouvré. (Prohibé.)		
Fer noir et fer en tôle, ouvrés, (*idem.*)		

	fr.	c.
Ferret d'Espagne..........		51
Fèves de Saint-Ignace......	14	28
Fil de fer ou acier.........	12	24
Fil de cuivre de six lignes de diamètre et au-dessous...	40	80
Fil de chanvre et de lin simple, et fil d'étoupes..........		51
retors..............	61	20
teint.	122	40
à voiles.............	6	12
Fil de ploc, ou Poil de cheval.	4	8
Fléaux de balance. (Quincaillerie.)		
Fleurs de violette, de pêcher et de romarin..........	7	14
Fleur de soufre...........	6	12
Fleurs artificielles de toute sorte..................	122	40
Flin....................	1	2
Folium gariofilatum, ou Feuilles de girofle...........	20	40
Folium indicum ou Indum..	5	10
Fonte verte (V. Polosum.)		
Forces à tondre les draps....	10	20
Fouets. (à Mercerie.)		
Fourchettes d'étain. (à Mercerie.)		
de fer. (Comme Mercerie commune.)		
Fournimens à poudre. (à Mercerie.)		
Fourreaux de pistolets sans cuir...................	15 p. 0/0 de la val.	
Fourreaux d'épées. (à Mercerie.)		
Fourrure (V. Pelleterie ouvrée.)		
Franges (V. Passementerie.)		
Fromage................	4	59
Fruits. Savoir :		
Bigarades, cédras, citrons, limons, oranges, chadecs.	5	10
Châtaignes, marrons, noix.	1	2
Olives et picholines......	8	16
Jujubes, gengeoles, prunes et pruneaux, figues, raisins, jubispasse, picardats et autres non dénommés dans le tarif...	2	4
Fruits à l'eau-de-vie.......	48	96
Fruits artificiels en terre fine cuite, comme omis......	10 p. 0/0 de la val.	
Fuseaux. (à Mercerie.)		

G.

	fr.	c.
Gaînes. (à Mercerie.)		
Galbanum...............	8	16
Galle. (V. Noix de)		
Galipot (Encens.)		
Gallium blanc et jaune.....	1	2

	fr.	c.
Galons et ganses (V. Passementerie.)		
Gants et autres ouvrages de ganterie en peau et cuir, doublés ou non. (Prohibés.)		
Gants de soie (V. Bonneterie.)		
Garance sèche en racine, ou Alizari	2	4
Garance moulue..........	10	20
Gazes :		
de soie	30	60 la liv. net.
de soie et de fil.......	16	32
d'or et d'argent, ou mêlées d'or et d'argent..	61	20
Gallengal, mineur et majeur.	4	8
Gens-eng, au net.........	91	80
Gentianne........	1	53
Gibecières. (à Mercerie.)		
Gingembre..............	9	
Girofle (*bois de*) (V. Bois.)		
Girofle (*clous de*)........	1	55 la livre.
Glaces et miroirs au-dessus de 3 décim. 25 centim......	15 p. 0/0 de la val.	
Glaces de 3 décim. 25 centim. et au-dessous	30	60
Glayeul ou Iris du pays.....	10	20
Glu....................	7	14

Gommes et résines.

1°. *A l'usage des teintures, fabriques et manufactures.*

	fr.	c.
Gommes de Bassora, adraganthe, arabique, thurique, du Sénégal, etc.	2	4
Copal, lacque, en feuilles, en grains et sur bois, mastic et sandarac pour les vernis....	12	24

2°. *A l'usage de la médecine et des parfumeurs.*

	fr.	c.
Gomme d'acajou, de cyprès, animée, de lière, hèdre et sarcolle...............	10	20
de cèdre et oppoponax.	20	40
Gomme ou Résine élastique.	4	8
ammoniac..........	6	12
élemi de toute sorte...	18	36
Gomme gayac...........	5	10
Gutte ou de Cambogium....	40	80
Sagapenum seraphinum, ou Séraphique-taccamaca..............	12	24
Goudron, Gaudron ou Goutran, le baril de 120 à 150 l.		76
Gourre ou Tamarin confit avec le sucre................	30	60

	fr.	c.
Graineau ou Pousse, résidu des drogues, lorsqu'on en sépare le meilleur. (Comme les drogues dont il est le résidu).		
Graines de colza, lin, navette, rabette et autres propres à faire huile..........		71
Graine de paradis..........	5 p. ⅔ de la val.	
Graine thurique..........	1	55
Graine d'angélique, anis, cartami, cevadille, coriande, daucus et d'écarlate, (V. Angélique, etc.)		
Grains de verre. (à Mercerie.)		
Grelots, (idem.)		
Gremil ou Herbes aux perles. (graines ou semences de).	1	55
Groison..........	2	55
Gruau (V. Avoine.)		
Guimauve (fleur et racine de).	2	55
Guimauve (suc de)..........	12	24
Guy de chêne..........	18	36
Gyp, espèce de gros talc....	5	6

H

	fr.	c.
Habillemens neufs, à l'usage des hommes et des femmes, et ornemens d'église...	15 p. ⅔ de la val.	
S'ils étaient en laine, coton et poil. (Prohibés comme les étoffes.)		
Habillemens vieux..........	51	
Hameçons. (à Mercerie.)		
Harnais de chevaux..........	15 p. ⅔ de la val.	
Ceux en cuir. (Prohibés.)		
Hématite (pierre)..........	1	2
Herbes médicinales non dénommées dans le tarif....	3	6
Hermodate..........	4	8
Hyacinte..........	16	32
Hipocistis..........	6	12
Horlogerie en montres, pendules (Prohibée.)		
Horlogerie (fournitures d') consistant en pivots, ressorts, spiraux et autres pièces du dedans des montres, lesquelles réunies ne peuvent former des mouvemens complets..........	10 p. ⅔ de la val.	
Horloges de bois..........	10 p. ⅔ de la v.	
Horloges à sable. (à Mercerie)		
Houpes à cheveux, de duvet, (à Mercerie.)		
Housses de chevaux, garnies ou non..........	15 p ⅔ de la v.	
Howes, bisquains ou Housses de chevaux en peaux d'a-		

gueaux, de brebis ou moutons, passées en mégie avec la laine (V. Peaux de moutons).

Huiles à l'usage de la médecine et des parfumeurs.

	fr.	c.	
Huile d'ambre..........	122		
d'anis ou de fenouil....	204		
de cacao ou beurre de cacao..........	45	90	
de canelle, girofle et macis..........	408		} au q. net.
d'ambre jaune, carabé ou succin, citrons, oranges, jasmin, roses et autres fleurs, et de gayac..........	51		
de muscade..........	306		
Huile d'aspaltum, marjolaine, sauge et soufre..........	56	72
d'aspic et de gland.....	15	30
de cade, de cédria et d'oxicèdre..........	4	8
de genièvre ou sandarac, de lavande et de sassafras..........	30	60
de laurier..........	20	40
d'olliette et de pavot blanc..........	8	16
de palme..........	10	20
de palma-christi et de pignons..........	18	36
de pétrole..........	12	24
de tartre..........	22	44

Huiles comestibles ou pour les fabriques.

	fr.	c.
Huile d'olive de la côte d'Italie.	15	30
De Naples, Sicile, Levant, Barbarie, Espagne, Portugal, et autres pays que de la côte d'Italie.....	9	18
De cheval, de graines et de noix..........	9	18
D'olive de la côte d'Italie, importée directement par bâtimens italiens ou français, déclarée pour les fabriques, et que l'on reconnaîtra ne pouvoir être employée qu'à cet usage.	9	18

Nota. Les préposés peuvent la retenir, en payant, dans la huitaine de la vérification,

L

	fr.	c.

Colonne de gauche

le prix déclaré , sur l'évaluation faite à Marseille, dans le mois précédent , des huiles communes.

Huile de poisson .... 12 · 50
Huile de vitriol (V. Aigre)..
Huîtres fraîches .... 5 · le mill. en n.
   marinées .... 12 · 24 le quintal.

I

Jalap .... 8 · 16
Jarretières(V.Passementerie.)
Jays ou Jayet, autre que brut. 20 · 40
Jetons. (à Mercerie.)
Impératoire .... 3 · 6
Indigo 15
Instrumens aratoires.(Comme quincaillerie.)
Instrumens de musique , la pièce :
   fifres , flageolets, galoubets 63
   flûtes et poches 75
   cistres, mandolines, psaltériums , tambours , tambourins et tympanons .... 1 · 50
   Alto, violes, bassons , cors-de-chasse , guitares, serinettes, serpens, trompettes, violons 3
   clarinettes et hautbois... 4
   vielles simples 5
   basses et contrebasses... 7 · 50
   épinettes , orgues portatives et vielles organisées 18
   forté-piano et harpes... 36
   clavecins 48
   orgues d'églises et instrumens non dénommés.. 12 p. 0/0 de la val.
Instrumens d'astronomie, chirurgie , mathématique , navigation , optique et physique .... 10 p. 0/0 de la val.
Joaillerie. (Comme or en ouvrages d'orfévrerie ou argent ouvré , suivant la matière dont elle est composée.)
Ipécacuanha .... 30 · 60
Iris de Florence .... 6 · 12
Juncus odoratus .... 18 · 36
Jus de réglisse .... 6 · 12

K

Kamine mâle, ou Beurre de pierre .... 6 · 12
Kirchwaser .... 27 le litre.

Labdanum naturel et non apprêté .... 12 · 24
   liquide et purifié, au net .... 45 · 90
Lacets de fil. (Comme rubans de fil ; les autres font partie de la passementerie.)
Laines filées. (Prohibées.)
Laines non filées , teintes.... 75 · 41
Laiton ou Cuivre jaune en mitraille.(Comme cuivre brut.)
Laiton ou cuivre jaune battu et laminé en planches , de toute dimension , gratté , noir et décapé .... 30 · 60
Laiton ou Cuivre jaune ouvré. (Prohibé.)
Laiton filé ou Fil de laiton noir. 2 · 4
Laiton filé en jaune.(V.Fil de cuivre).
Lanternes communes. (à Mercerie.)
Lapis entalis .... 4 · 8
Laque plate de Venise, et laque colombine sèche .... 5 · 10
Laque liquide 51
Lavande sèche *(fleurs de)*.. 6 · 12
Légumes secs de toute sorte.. « 51
Levain de bierre. 3 p. 0/0 de la valeur
Librairie en langue française. 12 · 24
Liége en table .... 2 · 4
   ouvré .... 24 · 48
Lignes. (à Mercerie.)
Limaille d'acier et d'aiguilles. 5 · 6
   de fer .... 2 · 4
Limes. (Quincaillerie).
Linge en pièces , damassé ou autrement ouvré , de chanvre et de lin seulement... 61 · 20
Linge de coton ou de fil et coton , et linge ouvré en napes, serviettes et chemises..... 155
Linge de lit et de table à l'usage des voyageurs , omis.. 10 p. 0/0 de la valeur.
Linon et batiste .... 12 · 24 la livre.
Liqueurs et ratafias de toute sorte .... 1 · 50 le litre.
Listonnerie. (V. Passementerie.)
Litharge naturelle et artificielle .... 2 · 4
Livres avec gravures ou estampes.(Comme Estampes, lorsqu'elles constituent essentiellement le prix d'un livre dont le texte ne sert qu'à les expliquer; et comme livres, si les estampes et cartes géographiques ne sont

qu'un accessoire d'un prix
modique.)
Livres reliés (Comme librairie.)
Loup (*dents de*).......... 1 53

M.

	fr.	c.	
Macis....................	2	4	la livre.
Magnésie (Comme sel volatil.)			
Malles. (à Mercerie.)			
Manchons................	15 p. % de la v.		
Manicordium. (à Mercerie.)			
Manne....................	12	24	
Marbre, le mètre cube, brut..	5	57	
En cheminée, scié ou travaillé............	7	15	
Marcassite d'or, d'argent, de cuivre.................	16	52	
Marcassites (*ouvrages à*)....	5 p. % de la v.		
Marly de soie.............	50	60	la liv. net.
Marquéterie (*ouvrages de*)..	15 p. % de la v.		
Marum (*feuilles de*).......	4	8	
Masques pour bal. (à Mercer.)			
Massicot.................	18	56	
Matelas, comme omis......	10 p. % de la v.		
Mêches soufrées, Soufre en mêches, et Mêch. de soufre.	10 p. % de la v.		
Mechoacham ou Rhubarbe blanche................	5	10	
Médicamens composés. (Pr.)			
Mélasse (Prohibée.)			
Mercerie commune........	40	80	

Elle se compose des objets
ci-après :

Aiguilles de toute sorte —
ambre jaune travaillé.

Battefeux et briquets limés
— bois de miroirs non en-
richis — boîtes ferrées —
boîtes de sapin peintes —
boucles de fer — bouget-
tes — bourses de cuir, de
fil et laine — boutons
de manches d'étain, et
autres métaux communs
— brosserie.

Cadrans d'horloge et de
montre — chapelets de
bois et de rocailles — cof-
fres non garnis — colliers
de perles et de pierres
fausses — compas — cor-
nets à jouer, de corne ou
de cuir — cornes claires
à lanterne.

Dez à coudre en corne, cuivre, fer, os et ivoire —
dez à jouer — dominoterie.

Ecritoires simples — épe-
rons communs — éven-
tails communs.

Feuilles d'éventails—fouets
— fournimens à poudre
—fourreaux d'épée — fu-
seaux.

Gaînes—gibecières—grains
de verre de toute sorte —
grelots.

Hameçons — horloges à sa-
ble — houpes à cheveux
de duvet.

Jetons de nacre, d'os et
d'ivoire.

Lanternes communes — li-
gnes de pêcheurs.

Manicordium — masques
pour bal — moulins à
café et à poivre.

Ouvrages de buis — ouvra-
ges en cuivre et fer, tels
que chandeliers, flam-
beaux, mouchettes, tire-
bouchons et autres de
même espèce—ouvrages
menus d'étain, comme
cuillers, fourchettes.

Peignes de buis, de corne
et d'os — perles fausses
— pipes à fumer.

Ramonettes—raquettes—
siflets d'os et d'ivoire.
Soufflets.
Tambours — tamis.
Volans.

	fr.	c.	
Merceries fines et autres non dénommées dans le présent tarif....................	15 p. % de la v.		
Mercerie en soie, comme bourses à cheveux, mouches et mouchoirs de soie........	12	24	la livre net.
Mercure précipité..........	30	60	
Métal de cloches..........	36	72	
Métiers à faire bas et autres ouvrages...............	15 p. % de la val.		
Meubles de toute sorte......	*le même droit.*		
Meûles à taillandier, la pièce. de 1 mèt. 218 mil. à 1 mèt. 583 millim. de diamètre.	2	50	
de 1 mèt. 079 mil. à 920 mil.	1	75	
de 907 mil. à 677 mil.	1		
de 663 mil. à 541 mil.		40	
de 528 mil. à 406 mil.		20	
de 585 mil. et au-dessous................		10	
Meûles de moulin au-dessus de 1 mèt. 949 millim.....	7	50	

	fr.	c.
Meûles de moulin, la pièce de 1 mèt. 949 mil. à 1 mèt. 297 mil.	5	
au-dessous de 1 mètre, 297 mil. de diamètre.....	2	50
Meum d'athamante........	2	4
Miel.................	6	12
Mine de plomb noir........	1	53
Minium...............		51
Modes (*ouvrages de*).......	12 p. ⅔ de la val.	
Morilles et Mousserons.....	24	48
Morues (*langues, noos ou noves et tripes de*)........	40	80
Mouchoirs de coton ou de fil et coton blanc (Comme toile de coton.)		
Teints ou imprimés, (Comme toiles peintes.) rayés ou à carreaux blancs, à bordures de couleur, et fins.(Comme Mousseline unie.)		
Moules de boutons.........	6	12
Moulins. (à Mercerie.)		
Mousselines(1) rayées et unies, à carreaux, brochées, et fichus unis..........	6	12
Mousselines et fichus brodés de toute sorte............	8	16
Moutarde...............	12	24
Muguet ou Lys de vallée (*fleurs de*)...........	5	6
Mules et Mulets..........	1 la pièce.	
Musc.................	50	60 la livre n.
Muscade...............	2	4 la livre n.
Musique gravée, et papiers de musique (Comme Estamp.)		
Myrobolans non confits.....	7	14
confits.........	50	60
Myrrhe (*gomme de*).......	8	16

N

	fr.	c.
Naphe ou naphte..........	3	6
Nattes de jonc...........	8	16
Nattes de paille, de roseaux et autres plantes et écorces...	2	4
Nenuphar..............	1	53
Nigelle romaine (*graine de*)	9	18
Nitre (Prohibé.)		
Noir d'Espagne..........	7	14
de fumée, de terre et de corroyeurs.........	2	4
d'ivoire............	50	60
de teinturier, d'Allemagne, d'os et de cerf..	5	6

	fr.	c.
Noix de cyprès...........	2	4
de gale..............	2	4
vomiques.............	2	4

O

	fr.	c.
Ocre jaune et rouge........		51
Oculi cancri.............	8	16
Opium...............	20	40
Or en ouvrages d'orfévrerie..	10 p. ⅔ de la val.	
en feuilles battu........	26	11 l'once net.
trait battu, en paillettes ou clinquant...........	6	53 l'once net.
filé ou fil d'or fin........	4	90 l'once net.
faux en barres et en lingots...............	73	44
faux, en feuilles, paillettes, clinquant, trait et battu.	142	80
faux-filé, ou fil d'or faux.	163	20
Orcanette...............	»	51
Orge perlée ou mondée.....	4	8
Ornemens d'église. (V. Habillemens).		
Orobe (*graine et semence d'*).	1	2
Orpiment..............	»	51
Os de seiche.............	1	2
Ouattes de coton ou de soie..	61	20
Outremer..............	30	60 la livre.
Ouvrages en acier ou en cuivre. (Prohibés.)		
Ouvrages en bois, en marbre et en pierre............	15 p. ⅔ de la val.	
en buis, étain, cuivre et fer. (à Mercerie.)		
d'osier............	15	50
de paille, de jonc et de palme.......	12	24
à pierres de composition, marcassites ou autres, montées sur étain, cuivre argenté ou doré, ou sur or, ou sur argent......	5 p. ⅜ de la val.	

P

	fr.	c.
Pailles d'acier et de fer......	»	51
Pain à cacheter..........	40	80
Pain d'épice.............	6	12
Papier blanc de toute sorte...	61	20
à cautère............	61	20
de pâte grise, noire, bleue et papier brouillard..............	30	53
doré et argenté, uni et à fleurs d'or et d'argent, marbré, à fleurs, uni, peint en bleu,		

(1) On répute mousseline toute toile de coton dont les 16 aunes, sur la largeur de 7 huitièmes, pèsent moins de 3 lb. *Loi du 22 août 1791, titre 4, article 5.*

Left column

	fr.	c.
jaune, vert, rouge, imitant le bois, et autres qui se vendent à la main et non en rouleau	75	44
tentisse peint, imitant le damas, la moire, le gros-de-tours et toute autre étoffe, à dessin et à ramage, d'une ou plusieurs couleurs, ou imitant l'architecture, et servant à tapisser ou à décorer les appartemens, et qui se vendent en rouleaux....	91	80
de la Chine...........	183	60
Parapluies de toile cirée.....		75 la pièce.
Parasols de taffetas........	2	la pièce.
Parchemin neuf travaillé.....	12	24
Pareira brava..............	4	8
Parfums non dénommés.....	102	»
Passementerie et listonnerie, telles que galons, ganses, jarretières, aiguillettes, franges, rubans et tous autres ouvrages de passementerie et rubannerie:		
En or et argent faux..	506	»
En or et argent fin...	50	60
En soie, avec or et argent fin	24	48
En soie, sans or ni argent............	15	50
En soie et coton, ou matières mêlées, la livre net, lorsqu'il y a de la soie; brut, lorsqu'il n'y en a pas..............	7	14
De filoselle et fleuret, le même droit au net.		
Passepierre ou Percepierre..	1	55
Pastel (*crayons de*).......	10	20
Pâtes d'amandes et de pignons..............	12	24
d'Italie.............	10	20
Patience..............	2	4
Pattes de lion.............	2	4
Pavot rouge ou Coquelicot (*fleurs de*).:..........	2	4
Peaux tannées, corroyées, ou autrement, ouvrées. (Prohibées)		
Peignes de buis, de corne et d'os. (à Mercerie.)		
d'écaille, la livre.....	2	4
d'ivoire, la livre.....	1	55
Pelles de fer.......	40	60

Les rubriques « En or et argent faux », « En or et argent fin », « En soie, avec or et argent fin » et « En soie, sans or ni argent » : *la livre net.*

Right column

Pelleteries non apprêtées, payant au cent en nombre.

	fr.	c.
Peaux de blaireaux, de loutres, loups de bois et cerviers, de cygnes, de chèvres-angora, de carcajoux	20	
Peaux de chats-cerviers, chats-tigres, lions, lionnes, martes de toute espèce, oies, renards de toute espèce, pekands, veaux, vaches et loups marins..	10	
de chats-de-feu, chats-sauvages, de chiens et de chikakois; fouines, genettes, gredbes, marmottes, putois, vizons	5	
d'ours et d'oursins de toute couleur..............	25	
de léopards, panthères, tigres et zèbres........	50	
d'hermines de terre mouchetées et bervesky, écureuils d'Amérique, palmistes des Indes.......	2	
de petits-gris et écureuils de toute espèce........	1	
Peaux d'hermines blanches et lasquettes, le timbre de 40 peaux.............	2	
Pelleteries ci-dessus dénommées, lorsqu'elles seront apprêtées, le double des droits, à l'exception des ours qui ne paient que le même droit.		
Peaux d'agneaux, dites d'Astracan, de Russie, de Perse et de Crimée, la pièce...	50	
Peaux de lapin, apprêtées...	10	la p.
Peaux de lièvres, apprêtées..	6	
Gorges de renards, de martes et de fouines......	2	
Queues de marte de toute espèce.........	2	50
de petits-gris, d'écureuils, d'hermines, de putois...		25
de renards, de fouines, de de carcajoux, de pekands, de loups.............	1	50
Sacs ou nappes de martes de Russie, de Canada, de Suède, d'Ethiopie, d'agneaux d'Astracan, d'hermines, de lasquettes, le sac ou nappe.........	5	
Sacs ou nappes de dos et ventres de petits-gris, d'écureuils de toute espèce, de lapins de toute cou-		

Les rubriques « Gorges de renards... » jusqu'à « ...de loups » : *le ⅔ en n.*

leur, de taupes, de foui-
nes, de putois, de dos et
ventre de lièvres blancs,
d'hermine de terre, mou-
chetées ou bervesky,
rats palmistes des Indes,
d'hamster, de dos, ventre
et pattes de renards, le
sac ou nappe.......... **fr. c.** — 1 50
Pelleteries non dénommées
(Comme celles auxquelles
elles seront assimilées.)
Pelleterie ouvrée, en man-
chons, fourrures, etc..... 15p. $\frac{0}{0}$ de la val.
Perles fausses. (à Mercerie.)
Perruques, la pièce.......... 2
Persil de Macédoine........ 10 20
Pieds d'élans, le cent en nom-
bre.................... 1 50
Pierres arméniennes........ 20 40
Pierres de choin polies en che-
minées, etc.............. 2½p. $\frac{0}{0}$ de la val.
   à chaux, comme chaux
   à feu, compris celles à
   briquet.............. 4 8
Pierres à aiguiser.......... 1 2
   de touche. 2 4
Pierre-ponce............. 1 2
Pierres de Mas............. 51
Pierres de composition. (V.
   Ouvrages, etc.)
Pignons blancs. 6 12
Pignons d'Inde............ 8 16
Piment. (V. Poivre.)
Pinceaux, autres que de che-
veux et de poil fin....... 18 36
   de poil fin.......... 146 88
Pipes. (à Mercerie.)
Pirestres................. 5 10
Pistaches cassées.......... 24 48
   non cassées...... 6 12
Pivoine (*racine et fleur de*).. 6 12
Plomb brut et en saumon... 6 12
   à tirer et en grenailles. 9 18
   laminé et ouvré, de
   toute autre sorte..... 18 36
Plumes d'autruche, d'aigrette,
d'espadon, de héron, d'oi-
seau couronné, de xomol, et
autres qui entrent dans le
commerce des plumassiers,
de première qualité...... 102
   apprêtées, au net...... 306
Plumes de qualité inférieure,
comme petites noires, bail-
loques brutes et de vautour,
non apprêtées........... 49 80

   apprêtées au net..... 102
Plumes à écrire, non apprêtées................... 6 12
   apprêtées............. 40 80
Plumes à lit............. 15 30
Poids et mesures anciens. (Pr.)
Poil filé et en écheveaux, excepté celui de chèvre, admis en payant 1 fr. 2 c. par
quintal. (Prohibé.)
Poil ou soie de porc et de san-
glier................. 2 4
Poiré, le muid de Paris, de 144
pots. (268 litr. $\frac{1}{10}$) 6
Poisson de mer, excepté les
anchois et le thon...... 40 80
Poivre à queue (V. Cubèbe.)
Poivres de toute autre sorte,
même ceux appelés poivre
long, corail de jardin ou piment en graines ou en gra-
beau, au net........... 60
Poix grasse, poix noire, poix-
résine ou Résine de sapin.. 51
Polium montanum........ 3 6
Polozum ou Fonte verte..... 24 48
Pommades de toute sorte ... 61 20
Pompholix ou Calamine blan-
che................. 6 12
Porcelaine commune...... 165 30
   fine............. 526 40
Porte-feuilles de bazane (Com-
me mercerie commune.)
de maroquin. (Comme
mercerie fine.)
Poterie de terre grossière.... 3 6
Poudre à poudrer, excepté
celle ci-après.......... 12 24
Poudre de senteur........ 91 80
Poudre de Chypre, la livre.. 4 8
Pouliot de Virginie........ 2 4
Pourpre naturelle et factice.. 15 30
Presle (*feuilles de*)........ 51

Q

Queue de martre, etc. (à Pelleterie.)
Quincaillerie, en faulx, fau-
cilles, scies, vrilles et autres instrumens aratoires. 40 80
En fléaux de balance, limes
communes et autres gros
ouvrages de quincaillerie
en fer................. 20 40
Quincaillerie fine, comme
alènes, broches, carlets,

E.

(18)

	fr.	c.
emporte-pièces et limes en acier..................	76	5o
Quincaillerie en cuivre. (Pr.)		
Quinquina.................	16	32

R

	fr.	c.
Racines d'alizari, d'angélique, de dictame, d'ellébore, de guimauve (V. Garance sèche , Angélique, etc.)		
Raisins de Damas et de Corinthe...................	2	4
Ramonettes. (à Mercerie.)		
Rapatelle ou Toile de crin..	20	40
Rapure d'ivoire........	10	20
Raquettes. (à Mercerie.)		
Réglisse en bois............	1	53
Régule d'antimoine.........	8	16
d'arsenic ou de cobalt.	8	16
d'étain................	24	48
martial................	16	32
de Vénus............	40	8o
Régule d'antimoine en poudre, omis.............		10 p. ½ de la v.
Résine de jalap............	61	20
de sapin (V. Poix.)		
Rhubarbe.................	36	72
Rhue (*feuilles de*)........	2	4
Rhum. (Prohibé.)		
Riccin..................	8	16
Rocou..................	6	
Roses fines et communes....	10	20
Rosettes.................	2	4
Rotins ou roseaux des Indes pour faire meubles.......	6	12
Rouge pour femmes, la livre.	8	16
Rubans de fil écru et d'étoupes.................	61	20
de fil blanc........	102	
de fil teint........	142	8o
Rubans, cordons et tresses de laine et fil de chèvre mêlés.	122	40
Rubans ou tresses en poil de chèvre, mêlés de soie.....	204	
de soie (à Passement.)		

S

	fr.	c.
Safran , la livre net........	4	59
Safre ou Zaphre...........	15	5o
Sagu ou Sagou............	20	40
Salep ou Salop............	61	20
Salsepareille..............	12	24
Sandarac................	12	24
Sang de bouc ou bouquetin..	15	5o
de dragon de toute sorte.	18	56
Sangles pour meubles, etc...	122	40
Sanguine pour crayons.....		51
Sarrette ou Sarriette.......	1	2
Sassafras ou Saxafras.......	5	6

	fr.	c.
Sauge.................	2	4
Savon......	18	56
Savon noir.............	12	24
Savonnettes.............	81	6o
Saxifrage (*graine ou semence*)	3	6
Scabieuse...............	2	4
Scamonée, au net..........	102	
Scamonée (*résine de*) au net.	3o6	
Scilles ou Squilles marines..	1	53
Sebestes................	4	8
Sel ammoniac, gemme ou fossile naturel , et d'oseille...	10	20
d'Epsum ou Duobus.....	6	12
de Glauber , (Comme sel d'Epsum.)		
de saturne, de tartre végétal, de seignette et de lait...............	20	40
volatil de corne de cerf, de vipère, de carabé, au net.	122	40
Sel (*pierre ou crasse de*)...		5 p. ½ de la val.
Selles. (Comme Harnais.)		
Semen d'anci.............	10	20
Semen cartami...........	3	6
Semence de ben...........	4	8
Semences froides et autres médicinales.............	6	12
Semoule, exempte. (*Décision du 15 thermidor an 10.*)		
Séné en feuilles , follicules ou grabeau.............	12	24
Sénéka ou Poligata de Virginie................	8	16
Senneve...............	1	2
Serans, outils propres à peigner le chanvre. (Comme instrumens aratoires.)		
Serpentine ou Serpentaire...	10	20
Serpes et serpettes. (Comme instrumens aratoires.)		
Seseli de Marseille ou de Candie.................	3	6
Sifflets d'os et d'ivoire. (à Mercerie.)		
Sirops non dénommés......	51	
Sirop de kermès...........	10	20
Smalt, nommé improprement Azur en pierre , puisqu'il n'en existe pas..........		51
Soies grèzes...............	1	2
grèzes doubles ou doupions.................		51
ouvrés, en trame, poil et organsin , et à coudre , crues...............	2	4
teintes et fleurets......	3	6
fleuret ou Filoselle crue et bourre de soie cardée..		82

la liv. n. }

	fr.	c.
Soldanelle ou Chou de mer..	3	6
Sorbec............	36	72
Souchet ou Cyperus de toute sorte............	2	4
Soufflets. (à Mercerie.)		
Soufre en canons............	2	4
Spica celtica ou Nard celtique.	6	12
nardi ou Nard indien..	20	40
Spode............	4	8
Squenante ou Pailles de squenante............	20	40
Squine ou Esquine............	6	12
Staphisaigre............	3	6
Stecas ou Sticade............	3	6
Stil de grains............	12	24
Storax, calamite............	20	40
liquide............	6	12
rouge et en pain....	8	16
Sublimé doux et corrosif....	30	60
Sucre candi ou autrement, raffiné en pain, au net.	100	
cassonades et sucres terrés, au net......	75	
brut, au net.......	45	

T

	fr.	c.
Tabac en feuilles, au quint. n.		
Par bâtimens francais.	40	
Par terre, et par bâtimens étrangers....	60	
Tabac en côtes, le même droit.		
Tableaux à cadres ou bordures, sur l'estimation des cadres ou bordures seulement............	15 p. 0/0. de la val.	
Tamarin............	5	10
Tambours et Tamis. (à Mercerie.).		
Tannesi ou Herbe aux vers..	10	20
Tapis non anglais.		
Savoir : de fil et laine.....	102	
de laine............	146	88
de soie ou mêlés de soie............	306	
Tapisseries, façon d'Anvers et de Bruxelles............	81	60
Tapisseries avec or et argent.	489	60
peintes............	91	80
Toutes autres que celles ci-dessus..	244	80
De cuirs dorés. (Pr.)		
Tapsic noir et blanc............	2	4
Tartre de vin............	1	53
Terra-Merita ou Curcuma..		5
Terre verte............	2	4
Thé, au net............	50	

	fr.	c.
Térébenthine commune....	3	57
de Venise.....	15	30
Thon mariné............	91	80
Tire-bouchons. (à Mercerie.)		
Tissus de laine et fil teints (Comme rubans de fil teint.)		
Toile de chanvre et de lin écrue............	51	
blanche............	61	20
Toile à voile (Comme celle ci-dessus, suivant qu'elle est écrue ou blanche.)		
Toile préparée pour peindre, (c'est une toile grasse)(Comme toile à voile grosse.)		
Toile de coton blanche brochée, brod. ou rayée. (Comme moussel. brodée.) (*Arrêté du* 24 *frimaire an* 11.)		
Toile de coton ou de fil et coton, blanche............	100	
en écru............	80	
Toiles teintes et peintes, excepté celles ci-après......	275	40
à carreaux pour matelas. (1)............	81	60
cirées de toute sorte......	40	80
de crin. (V. Rapatelle.)		
gommées, treillis, bougrans et autres toiles à chapeaux, noires ou d'autres couleurs......	30	60
Toiles ajamis bleues du levant. (Comme toiles à chapeaux.)		
Toiles de nankin, venant d'un pays neutre, avec certificat d'origine, la pièce de 5 mèt. 94 centim........	75	
Toiles de nankin, des Indes.	25 c. par mèt.	
Tombac, similor ou métal de Prince et de Manheim, non ouvré............	15	30
Tombac ouvragé. (Prohibé.)		
Tormantille............	2	4
Tours d'horlogers, omis....	10 p. 0/0 de la val.	
Tresses. (V. Rubans.)		
Tripoli. (V. Alana.)		
Truffes fraîches............	36	72
sèches............	20	40
Tuiles. (V. Briques.)		
Turbit............	10	20

(1) Toiles à carreaux, dont la chaîne est de fil de lin ou de chanvre, et la trame de fil de coton, qui se fabrique particulièrement en Suisse, employée ordinairement à l'habillement des femmes de campagne. (Comme toile à matelas.) *Décision du* 7 *pluviose an* 8.

	fr.	c.
Tussilage ou Pas-d'âne......	2	4
Tutie.................	2	4

U

Usnée.................	2	4

V

Vanille ou Badille, la liv. net.	12	24
Vélin...................	12	24
Vert-de-gris sec et en poudre.	15	30
crystallisé...........	20	40
humide.............	6	12
Verd de vessie............	20	40
Verd de montagne.........	15	30
Verjus, le muid...........	12	24
Vermeil................	20	40
Vermicelli. (V. Pâtes)		
Vermillon...............	20	40
Vernis de toute sorte.......	40	80
Verre d'antimoine.........	8	16
Verre en grain, (à Mercerie.)		
Verre de toute autre sorte (Pr.)		
Vez-cabouli..............	6	12
Vinaigre, les 2 hectolitres 68 litres $\frac{1}{10}$................	3	
Vins en futailles, les 2 hectolitres 68 litres $\frac{1}{50}$. corespondant au muid de 144 pots, faisant 288 pintes........	25	
Importé depuis le fort Vauban jusqu'à la pointe septentionale du département du Bas-Rhin, sans emballage ou double fond.............	12	
Par les frontières d'Espagne, depuis Mont-Libre inclusivement, jusqu'à St.-Jean-Pied-de-Port, aussi inclusivement, y compris le bureau d'Arneguy, le même droit.		
Vins en bouteilles, les 2 hectolitres 68 litres $\frac{1}{5}$........	60	
Viorne ou Hardeau (*feuilles et baies de*).............	2	4
Vipères vivantes et sèches, le $\frac{2}{5}$ en nombre.........	5	
Vitriol blanc de Chypre....	15	30
bleu. (V. Couperose.)		
rubifié. (V. Calcantum.)		
Voitures vieilles ou neuves, ex-		

	fr.	c.
cepté celles servant aux voyageurs. (Prohibées.)		
Volans. (à Mercerie.)		
Vrilles. (à Quincaillerie.)		
Vulnéraire (*herbes*.)	4	8

Y

Yvoire..................	10	20

Z

Zédoire ou Citouaire.......	18	36

Fin du tarif des droits d'entrée.

Objets omis au tarif d'entrée.

Ils doivent, ceux qui ont reçu quelque main-d'œuvre, dix pour cent de la valeur. Les drogueries, cinq pour cent. Tous autres objets, trois pour cent. (*Article 5 du titre I de la loi du 22 août 1791.*)

Tare à déduire pour percevoir les droits sur ce qui est tarifé au poids net.

Toutes les marchandises paient les droits au poids brut, à l'exception de celles ci-après, lesquelles acquitteront au poids net. (*Loi du 22 août 1791, titre I, article 3.*)

SAVOIR:

Dentelles.—Drogueries et épiceries, dont le droit excédera 40 fr. 80 c. par quintal (1). — Ouvrages de soie, or et argent, et tabac. (*Même article 3.*)

Plumes apprêtées.—Soies.—Sucres rafinés et candis. (*Loi du 1er août 1792, art. 9.*)

La tare est de 15 pour $\frac{2}{5}$, poids métrique, sur les sucres bruts en futailles;

De 12, pour $\frac{2}{5}$. pour les sucres têtes et terrés, le café, le cacao et le poivre, aussi en futailles;

De 5 pour $\frac{2}{5}$ sur les cafés, cacao et poivre en sacs. (*Arrêté du 20 vendémiaire an 11.*)

De 12 pour cent sur le tabac en boucauds, et les drogueries et épiceries; de 2 pour cent sur les mêmes

---

(1) Ces drogueries et épiceries, sont:
Ambre gris — azur de roche fin — baume — bézoard — bois néphrétique — cacao — cardamomum — castoreum — cendres bleues et vertes à l'usage des peintres — chocolat — civette — costus indicus et amarus — eaux médicinales — essences d'anis, de canelle, de romarin et de rose — genzeng — huiles dont le droit excède 40 fr. 80 c. du quintal — labdanum — musc — muscade — poivre — safran — semoncée — sel volatil — sucres bruts, têtes et terrés — thé — vanille.

objets en paniers ou en sacs. *(Même article 3 du titre I de la loi du 22 août 1791.)*

A l'égard des ouvrages de soie, or et argent, et des dentelles, la perception en sera faite sur la déclaration au poids net, sauf la vérification de la part des préposés. *(Même article.)*

Nota. Ces dispositions sont applicables aux plumes apprêtées et aux soies.

Lorsque des marchandises sujettes aux droits, au poids net ou à la valeur, se trouvent dans les mêmes balles, caisses ou futailles, avec d'autres marchandises qui doivent les droits au poids brut, la totalité desdites caisses, balles ou futailles, acquitte au poids brut. *(Même article.)*

Toute marchandise qui, étant tarifée au brut, est dans une double futaille, ne doit les droits que déduction faite du poids de la futaille qui lui sert d'une seconde enveloppe. *(Loi du 1er. août 1792, art. 9.)*

Dans le cas où une balle ou futaille contient des marchandises assujéties à des droits différens, le brut de la balle ou de la futaille doit être réparti sur chacune des espèces qui y sont contenues, dans la proportion de leurs quantités respectives. *(Même article.)*

DENRÉES DES COLONIES FRANÇAISES.

Tarif des droits sur les denrées et productions des Colonies françaises.
(Arrêté du 3 thermidor an 10.)

Nota. Les droits sont au quintal poids métrique, et au net sur les sucres, cafés, cacao et poivre.

Ceux désignés ci-après, sous le nom de droits d'entrée, doivent être acquittés à l'arrivée, quelle que soit leur destination ultérieure. *(Article 3 dudit arrêté.)*

Le droit de consommation ne s'acquitte qu'en retirant de l'entrepôt, ou à l'expiration dudit entrepôt, dont la durée est d'une année; il n'est pas dû sur ce qui est réexporté. *(Art. 4.)*

Marchandises qui peuvent jouir de l'entrepôt.	DROITS				Marchandises qui ne peuvent jouir de l'entrepôt.	DROITS D'ENTRÉE.	
	D'ENTRÉE.		DE CONSOMMATION				
	fr.	c.	fr.	c.		fr.	c.
Cacao.	6		44		Bois d'acajou et de marquéterie.	10	
Café.	6		44		Caret ou écaille de tortue.	3o	
Confitures.	10		4o		Casse.	6	
Mélasses.	1	5o	14	5o	Coton.	2	
Poivre (venant de Cayenne et des Colonies françaises-orientales sur navires français.				3o	Cuirs secs en poil, la pièce.		25
Sucres. { bruts.	3		27		Gingembre.	6	
Sucres. { têtes et terrés.	4	5o	45	5o	Indigo.	10	
					Liqueurs, le litre.	1	
					Rocou.	4	
					Sucre rafiné.	100	
					Tafia, l'hectolitre.	10	

Les marchandises non dénommées au présent Tarif, qui seront justifiées provenir du crû des Colonies françaises, paieront moitié des droits imposés sur les mêmes objets venant de l'étranger.

Lesdites denrées et productions ne sont admises que par les ports de Bayonne, Bordeaux, Rochefort, la Rochelle, Nantes, Lorient, Brest, Morlaix, St.-Malo, Cherbourg, Honfleur, Rouen, le Havre, Dieppe, St.-Vallery-sur-Somme, Boulogne, Calais, Dunkerque, Ostende, Anvers, Nice, Toulon, Marseille et Cette. *(Art. 2.)*

Les cargaisons de ces denrées, qui arriveraient par d'autres ports, seraient traitées comme étrangères.

F

EXPORTATIONS.

Les marchandises sortant se divisent en trois classes:
Celles dont l'exportation est défendue ;
Les marchandises permises , imposées à des droits fixes ;
Les marchandises qui, ne faisant pas partie des deux autres classes, peuvent sortir en payant 15 c. par 100 francs de valeur.
L'état n°. 1er. est celui des objets prohibés à la sortie.
Le second indique ce qui est sujet à des droits de sortie fixes.
Les productions non comprises dans ces états, doivent seulement 15 c. pour cent francs de valeur. *(Loi du 24 nivose an 5 , art. 2.)*

N°. 1. *Prohibitions à la sortie.*

A

Amidon.
Armes , autres que de luxe.

B

Bestiaux , excepté les cochons sortant par terre ; les bœufs, vaches et moutons passant en Espagne , les bœufs et vaches passant en Helvétie par le Mont-Terrible.
Bois à brûler et de construction navale ou civile, sauf les exceptions portées en l'état n°. 2.
Bois merrain.

C

Cartons gris ou pâtes de papier.
Cartons en feuilles.
Cendres de toute sorte , même celles d'orfèvre lessivées.
Chairs salées , excepté par les Basses-Pyrénées , et les Saucissons.
Chanvre , excepté par les départemens du Rhin , ou qui bordent ce fleuve.
Charbon de bois, sauf les exceptions n°. 2.
Chevaux , jumens et poulains.
Cordages usés.
Coton en laine.
Cuirs secs en poil, excepté ceux venus de l'étranger dans les six mois précédens.
Cuirs en vert.
Cuivre non ouvré.

E

Ecorces à tan , excepté du canton de Lure.
Etain non ouvré.

F

Farines.
Féraille ou vieux fer.
Filets vieux.
Fils de mulquinerie et de linon.
Fourages , excepté le foin du pays de Gex.
Futailles vides ou en bottes.

G

Gaude.
Graines grasses.
Grains de toute sorte , même la graine de vesce.
Graisses , mais non celle d'asphalte.
Groisil , autrement verre cassé.

H

Houblon. *(Arrêté du 9 frimaire an 9.)*

L

Laines non filées , sauf l'exception n°. 2.
Laiton non ouvré.
Légumes secs de toute sorte.
Lin , même peigné.
Linge vieux. (V. Matières propres , etc.)

M

Marrons et châtaignes, excepté, pour les châtaignes, par le Montblanc.
Matelas composés de laine. (Comme laines non filées.)
Matières servant à l'engrais des terres , telles que fumier, colombine, clapons, cornes rapées et autres, à l'exception du plâtre et de la terre de marne, et du gypse, par le Doubs.
Matières propres à la fabrication du papier et de la colle.
Métal de cloche , comme composé de cuivre ou étain.
Métiers pour les fabriques.

Mine de fer , brute et lavée.
Mines métalliques de toute autre sorte, non la Man-
 ganèse.
Mine de plomb , et non le minium.
Mules et Mulets , excepté pour l'Espagne , et la partie
 de l'Helvétie qui confine au Mont-Terrible.
Munitions de guerre, y compris le salpêtre.
Munitions navales, sauf les brais, goudrons et plan-
 ches de pin.

N

Navires , excepté ceux marchands construits pour le
 compte espagnol.

O

Oreillons. (V. Matières propres , etc.)

P

Peaux de lièvres et de lapins cruds.
Peaux de castor et autres, non désignées au tarif de
 sortie. (celles de chiens de mer exceptées.)
 de chevreuil font partie de celles prohibées.
 (Décision du 7 nivose an 11.)
Pennes de coton, de fil et de laine.
Pierres à fusil.
Plomb non ouvré , excepté des mines de Poullaouen,
 qui, d'après un arrêté du 9 thermidor an 10,
 peuvent sortir par Morlaix, en payant le
 droit de balance.
Poil en masse et non filé, de castor, chèvre, che-
 vreau , lapin , lièvre et loutre.
Poil de chien , même filé.
Pommes de terre. *(Décision du 7 pluviose an 8.)*
Potasse.
Poudre à poudrer. *(Ordre du 27 pluviose an 10.)*

R

Récoltes , comprenant les grains, légumes secs et
 fourages.

S

Salins.
Soies , autres que celles à tapisserie.
Suif.

T

Toutenague ou Zing. *(Décision du 8 pluviose an 9.)*

V

Veaux.
Viande fraîche, par mer.

N°. 2. *Droits fixes de sortie , et leur quotité.*

Nota. Le droit est dû au quintal métrique,
quand il n'est point exprimé que c'est à la
pièce, au nombre ou à la valeur.

A

	fr.	c.
Acier et fer , et ouvrages uniquement composés de ces deux matières..........		50
Alun , par le département de la Roër..............	1	2
par les autres départemens.	2	4
Amurca ou Marc d'olive.....	1	2
Anes et Anesses..........		25 pièce.
Ardoises , par les départemens correspondans à ceux du Nord et des Ardennes....		1 le m. en nomb.
Armes de luxe , comme pistolets , fusils de chasse , épées et couteaux de chasse.....		$\frac{1}{2}$p. $\frac{0}{0}$ de la v.

B

	fr.	c.
Beurre , par les départemens réunis , le Mont-Blanc et l'Ain..............	1	2
par les autres départemens.	5	10
Bœufs pour l'Espagne , et la partie de l'Helvétie qui confine au Mont-Terrible....	1	5 la pièce.
Bois en planches ou autrement ouvrés , ne pouvant servir à la construction navale , sortant des départemens des Vosges , des Deux-Nèthes , de la Meuse-Inférieure , de l'Ourthe , des Forêts et de la Moselle , de la vallée de Lucelle , du district de Gex et du Mont-Blanc........		5 p. $\frac{0}{0}$ de la v.
Bois à la poignée , depuis St-Gingolf jusqu'à Thonon , inclusivement..........		5 p. $\frac{0}{0}$ de la v.
Bois de marqueterie , de tabléterie , de buis , d'éclisse , feuillard................		4 p. $\frac{0}{0}$ de la val.
Bois de teinture réexportés.		4 p. $\frac{0}{0}$ de la val.
Bois de construction navale , tirés de la Belgique pour la marine hollandaise , sur la permission des Consuls (1).		5 p. $\frac{0}{0}$ de la val.

---

(1) Le gouvernement batave , en formant la demande , énon-
cera la quantité de pieds cubes dont il désire l'extraction. *Lettre
du ministre , du 2 nivose an 6.)*

	fr.	c.
Bois de toute espèce pour la Hollande, par les nouveaux départemens conquis (1)...	5 p. $\frac{0}{0}$ de la val.	
Bonneterie...	1	2
Bourre ou ploc de bœuf, de vache, de cheval, de cerf et autres animaux, excepté ceux dont la sortie est formellement prohibée...	4	8
Brai sec ou gras, par terre et par navire français...		5o
par navire étranger...	1	
Brou ou Ecorce de noix...	3	6

C

	fr.	c.
Cacao...	1	3
Café...	1	2
Caillou à faïence ou porcelaine...		5r
Caractères d'imprimerie...	4	8
Chandelles...	2	55
Chanvre peigné, par les Haut et Bas-Rhin, et tous les bureaux établis sur le même fleuve...	6	12
Chapeaux de poil et laine...	5 la pièce.	
Charbon de bois, par les Deux-Nèthes, la Meuse-Inférieure, et les autres pays conquis sur e Rhin, la vallée de Lucelle et le pays de Gex...	5 p. $\frac{0}{0}$ de la v.	
Charbon de terre ou Houille, par l'Escaut ou par mer, le tonneau de mer...		75
Par terre, le millier pesant...	1	2
Celui du pays de Nassau..		1o
Chardons à drapiers et bonnetiers...	6	12
Chaux, les 15 quintaux 65 liv. métriques...	1	
Chocolat...		5r
Cire blanche...	1	2
Cire jaune...	10	20
Cloches...	1	2
Clouterie, en fer et acier seulement...		5o
Cochenille...	1	2
Cochons, par terre...		5o la pièce
Cornes de bœufs, de vaches, cerfs, snaks, moutons, béliers et autres communes..	1	2

(1) Cette exception ne s'étend pas au bois merrain. *(Décision du 12 floréal an 7)*, mais aux petites planches en forme de merrain, fabriquées dans plusieurs cantons de la Roër. *(Décision du 12 fructidor an 7.)*

	fr.	c.
Coton filé...	10	20
Couperose...	4	8
Couvertures de laine...	1	2
Cuirs secs en poil, étrangers, réexportés dans les six mois de l'arrivée...	10 la pièce.	
Cuirs tannés et corroyés, ou simplement tannés...	15c p. $\frac{0}{0}$ de la v.	
Cuivre ouvré, excepté ceux laminés pour le doublage des vaisseaux et à fonds de chaudière ; les barres à cheville, les cloux de cuivre rouge durcis au gros marteau, les cloux de cuivre allié pour le doublage et pentures de gouvernail...	4	8

D

	fr.	c.
Derle ou Terre de porcelaine.	1	2

E

	fr.	c.
Eau-de-vie, 268 lit. $\frac{1}{10}$e (le muid)...		25
Ecaille d'âblette...	4	8
Ecorce de tan du canton de Lure, 12,5oo quint. métr. par an...	1	2
Ecorce de tilleul pour cordages...	8	16
Essandoles...	4 p. $\frac{0}{0}$ de la val.	
Essence de térébenthine et térébenthine en pâte...		5r
Etain ouvré...	5	10
Etoffes...	1	2

F

	fr.	c.
Fers en gueuse...	5	1o
Fer-blanc...	2	55
Feuilles de myrthe, et autres propres à la teinture et aux tanneries...	20	4o
Fil-de-fer...		5o
Fil de lin et de chanvre retors, autre que de mulquinerie.	2	55
Fil simple...	20	40
Foin, par le pays de Gex, le charriot...		5o
la charrette...		25
Forces à tondre les draps...	5 pièce.	
Fouets, (Comme Harnais.)		
Fromages...		5r
Fustel en feuilles ou branches.	2	4

G

	fr.	c.
Gommes	10	20
Goudron (Comme Brai.)		
Graines d'Avignon, ou Graine jaune d'usage en teinture.	10	20
Graine de jardin et de mil ou millet	3	6
Graine de trèfle	5	
Gravelle ou Tartre de vin	7	14
Grenadier (*écorce de*)	2	55

H

	fr.	c.
Harnais de luxe	½ p. 0/0 de la val.	
Herbe de maroquin	5	6
Herbes propres à la teinture, non dénommées dans le chapitre des droits d'entrée, et dans celui des droits de sortie	10	20
Honates de coton	40	80
Huiles de graines, par les départemens réunis, et par les frontières de terre	2	25
Huiles de graines, par les autres départemens, et huiles de noix et de faine	6	12
Huiles d'olive et d'amande	10	20
Huiles de poisson	2	50
Huitres fraîches	50 le 0/0 en n.	

L

	fr.	c.
Laines filées, propres à tapisseries	20	40
Laines filées d'autre sorte	51	
Laines non filées, étrangères, réexportées dans l'année de l'arrivée	2	4
Laiton ouvré, autrement qu'en planches	4	8
Légumes verds et jardinage		20
Lie de vin	2	4
Liége non ouvré	2	4

M

	fr.	c.
Malherbe, herbe pour la teinture	2	4
Mélasse des Colonies	2	55
Mercerie	1	2
Uniquement de fer et d'acier, moitié.		
Miel	2	55
Mousseline	1	2
Moutons dépouillés de leur laine, pour l'Espagne	55 pièce.	
Mules et Mulets, au-dessous		

d'un an*, pour l'Espagne, Et pour f... par le Mont-Terrible	5 fr. pièce.

N

	fr.	c.
Navires marchands construits pour compte espagnol	15 par tonn.	
Nerfs de bœufs et autres animaux	9	18

O

	fr.	c.
Os de bœufs, vaches et autres animaux	1	2
Ouvrages de bijouterie (1)	½ p. 0/0 de la val.	
d'orfévrerie, qui comprennent les boites de montres	1 p. 0/0 de la val.	
Ouvrages en cuir, en maroquin et peaux maroquinées, et en souliers de femme	½ pour 0/0 de la val.	
En peaux, consistant en culottes, vestes, gilets et gants	1	2
Ouvrages en bronze	1	2
En acier et fer	50	

P

	fr.	c.
Pain de navette, d'oliette, rabette, chenevis, lin et colza	1	2
Papier ordinaire	1 p. 0/0 de la val.	
Papier fin et papier mousse, à cartier, et aux trois lunes	½ p. 0/0	
Parchemin neuf et brut, autre qu'en bandes	12	24
Passementerie	1	2
Peaux passées en blanc ou mégie, bronzées ou chamoisées	1 p. 0/0 de la val.	
Peaux de loutre et peaux sauvages, non appréciées	2½ p. 0/0	
Pierres à feu	1 p. 0/0	
Planches, poutres et olives de pin, de dix pieds et au-dessous, sortant pour l'Espa-		

---

(1) Les diamans et pierreries devant seulement, ainsi que les montres, 15 cent. par 100 fr., le demi pour 100 n'est exigible que sur la valeur de la monture.

Par ouvrages de bijouterie, on ne doit entendre que ceux dans la composition desquels les métaux précieux entrent comme matières principales. Ainsi, les candelabres, vases et ornemens de cheminée, composés de bronze, cuivre doré, etc., ni les piédestaux dorés qui ornent les pendules, n'appartiennent pas à cette classe. Les bronzes ne doivent que 50 cent. : les autres objets, que le droit de balance. (*Lettre au directeur de Rouen, au 2 complémentaire an 5.*)

gne . par St.-Jean-de-Luz et Port-Vendre, avec certificat qu'elles ne sont pas propres au service de la marine, et soumission de rapporter certificat d'arrivée du commissaire français. Les

	fr.	c.
planches..............	6	25 le 0/0 en n.
Les poutres.............		15 pièce.
Les solives.............		5 pièce.
Plâtre, les 15 quintaux 65 liv. métriques.		1
Plomb ouvré.............	5	10
Poisson frais.............		néant.
Poissons de toute autre sorte.	1	2

Q

	fr.	c.
Quincaillerie.............	1	2

R

	fr.	c.
Redoul ou Rodoul *(feuilles de)*	1	55
Résine. (Comme Brai.)		
Rubans.................	1	2

S

	fr.	c.
Selles de luxe.............		½ p. 0/0 de la val.
Soies cuites, propres à faire de la tapisserie..........	1	2 la liv. net.
Soufre.................	1	2
Sucre rafiné accompagné de l'acquit de paiement des nouveaux droits, jouit d'une prime de 25 francs par 5 myriagrammes.		
Sumac.................	10	20

T

	fr.	c.
Tabac en feuilles, par les départemens du Rhin........	1	55
par les autres......		51
fabriqué, par tous les départemens......		51
Tabac en cotes. (Comme en en feuilles.)		
Térébenthine en pâte......		51
Terre de marne, la charretée de 2 milliers métriques pesant............		51
Terre de pipe, le lest du poids de 2 milliers métriques...	20	40
Toiles, même de haon.......	1	2
Tournesol ou Morelle en drapeaux...............	2	55

V

	fr.	c.
Vaches, pour l'Espagne et la partie de l'Helvétie qui confine au Mont-Terrible....		75 pièce.

	fr.	c.
Vermicelli................	2	55
Viande fraîche, par terre....	1	2
Vin, les 268 litres, le correspondant au muid de 288 pintes, ancienne mesure de Paris.		
Sortant par mer, par Bayonne et St.-Jean-de-Luz............		1
Par les rivières de Garonne et Dordogne, lorsque la valeur du tonneau excède 200 fr.; le rouge......		5
Le blanc..............		4
Par les mêmes rivières, lorsque la valeur du tonneau n'excède pas 200 fr.....	2	50
Par la Charente-Inférieure et la Vendée; le rouge..	1	50
Le blanc..............		50
Par la Loire-Inférieure : Rouge et même blanc, autre que du crû de ce département......		2
Blanc, du crû de ce département..............		50
Par l'Océan, depuis la rivière de Villaine inclusivement, jusqu'à Anvers aussi inclusivement.....		7
Par les Bouches-du-Rhône, le Var, les Alpes-Maritimes et la Corse......	1	50
Par l'Hérault et les Pyrénées-Orientales.......		2

A l'exportation par terre.

	fr.	c.
De Lillo à la ligne du Rhin.		7
Par le Haut et Bas-Rhin et les départemens qui ont le Rhin pour limite....	1	25
Par la Haute-Saône, le Doubs et le Jura.....		50
l'Ain, le Léman, le Mont-Blanc.............		1
la 27e. division militaire.		5
l'Arriège et les frontières d'Espagne...........	1	50
Vin muscat, par les mêmes départemens et les mêmes frontières......		6

A l'exportation par mer ou par terre indistinctement.

	fr.	c.
Vin de liqueur de toute sorte.		6
Vin en bouteilles ou en doubles futailles; et dans des futailles emballées ou à double fond.................		7

Vinaigre. (Comme le vin, d'a-
près les distinctions admises
pour les bureaux de l'ex-
portation.)
Vinaigre de bierre, par les
départemens , correspon-
dant à celui du Nord.....

fr.   c.

2 le muid.

Vitriol.................   4   8

DROITS *de magasinage.*

Les propriétaires des marchandises qui, à défaut de déclaration détaillée, ont été déposées dans le magasin de la douane , sont tenus d'un droit particulier de magasinage d'un pour cent de la valeur. (*Décret du 4 germinal an 2 , titre 2 , art. 9.*)

Le droit n'est que de demi pour cent sur les objets déchargés par suite d'une relâche forcée, et rechargés , faute de vente. (*Art. 6.*)

Le droit de magasinage , d'un pour cent, est dû, après trois mois d'entrepôt, sur les marchandises provenant de confiscation. (*Lettre du ministre , du 28 floréal an 8.*)

Droits établis ou changés ; à quelle époque sont-ils perceptibles.

Les droits de douane et de navigation sont perceptibles du jour de l'enregistrement au chef-lieu de la préfecture , de la loi ou de l'arrêté qui les fixe.

Ils doivent être perçus, d'après les lois existantes , à l'époque de la déclaration précédée de l'arrivée.

Ainsi, la marchandise déclarée avant la promulgation d'une loi qui en a augmenté le droit, n'est sujette qu'à l'ancien droit, quoique le déchargement et la vérification soient postérieurs.

Par suite, une marchandise seulement déclarée après la promulgation d'une loi, qui en augmente le droit, doit le droit augmentatif, lors même que le bâtiment serait arrivé dans le port antérieurement à cette promulgation.

De même, les droits de navigation sont dus de l'époque de la déclaration, quoique la jauge, qui peut opérer des changemens dans la perception , ait été différée.

Le droit sur une marchandise qui jouit de l'entrepôt, est celui existant au jour de sa déclaration pour la consommation, ou de l'expiration du délai d'entrepôt.

Il est dû , sur une marchandise saisie, du jour auquel elle a été retirée.

Celle pour laquelle un acquit-à-caution n'est pas rapporté, doit le simple ou le double droit existant à l'époque où la déclaration a été reçue.

Marchandises avariées.

Les avaries ne donnent lieu à réduction de droits que dans le cas d'échouement ou autres accidens de mer constatés suivant les formes prescrites , et qui emportent recours contre les assureurs. (*Arrêté du 2 thermidor an 10 , art. 1er.*)

La réduction n'a pas lieu pour le tabac en feuilles. Lors de la reconnaissance qui en est faite, les particuliers ont la faculté d'en distraire les parties avariées pour être brûlées ou réexportées, sans qu'ils puissent séparer la tige des feuilles. (*Loi du 29 floréal an 10 , art. 7.*)

Si celui à qui une marchandise avariée est adressée, en fait l'abandon par écrit, il est dispensé d'en payer les droits. (*Loi du 22 août 1791 , tit. 1 , art 4.*)

Marchandises imposées à la valeur.

Le tarif impose plusieurs objets à tant pour cent de la valeur , et ce qui est omis au chapitre des droits d'entrée acquitte à la valeur.

Le préposé doit percevoir le droit sur la valeur déclarée, ou retenir la marchandise , en annonçant qu'il paiera la valeur déclarée et le 10e. en sus, dans les quinze jours qui suivront la notification du procès-verbal de retenue. (*Loi du 4 floréal an 4 , art. 1.*)

La retenue n'est soumise à d'autre formalité que celle de l'offre souscrite par le receveur du bureau, et signifiée au propriétaire ou à son fondé de pouvoirs. (*Art. 2.*)

Droit de garantie sur l'argenterie importée de l'étranger.

Les ouvrages d'or et d'argent venant de l'étranger, doivent, indépendamment du droit de douane, un droit particulier pour la garantie de leur titre. (*Loi du 19 brumaire an 6, art. 23.*)

Ce droit est fixé à 20 francs par hectogramme d'or, et à un franc par hectogramme d'argent. (*Art. 2.*)

Il est dû sur les vieux ouvrages, à moins qu'on ne consente à les briser au premier bureau des douanes, en présence des préposés. (*Lettre du ministre, du 12 prairial an 7.*)

Objets exempts du droit de garantie.

1°. Les ouvrages d'or et d'argent appartenant aux ambassadeurs et envoyés des puissances étrangères.

2°. Les bijoux d'or à l'usage personnel des voyageurs, et les ouvrages en argent servant également à leur personne, pourvu que le poids n'excède pas en totalité, cinq hectogrammes. (*Loi du 19 brumaire article 23.*)

Restitution d'une partie du droit de garantie sur les ouvrages exportés.

Les ouvrages d'or et d'argent, fabriqués en France, qui passent à l'étranger, jouissent du remboursement des deux tiers du droit de garantie qu'ils ont acquitté, pourvu que l'exportation ait lieu par les bureaux désignés. (*Art.* 25, 26 et 27.)

Les expéditions doivent être accompagnées d'une déclaration descriptive faite au bureau de garantie, où le droit a été acquitté, certifiée par les préposés de ce bureau.

Ces déclarations et certificats, légalisés par les administrations municipales, et à Paris, par les administrateurs des monnaies, sont présentés à la douane de sortie, où l'exportation est constatée par les receveurs et autres commis.

Le *visa* du directeur des douanes dans l'arrondissement duquel se trouve le bureau de sortie, et le sceau de l'administration complettent les formalités exigées pour le remboursement. (*Lettres du ministre, des 22 nivose et 22 germinal an 7.*)

Droit de fabrication sur le tabac.

La taxe de 4 décimes par kilogramme, établie par la loi du 22 brumaire an 7, sera perçue uniformément sur toute espèce de tabacs fabriqués. (*Loi du 29 floréal an 10, art. 9.*)

Elle sera acquittée pour les feuilles provenant de l'étranger, à la sortie de l'entrepôt; et ce, par moitié, en traites à six mois et un an de terme, suffisamment garanties. (*Art.* 15.)

Elle n'est pas sujette au décime additionnel. (*Décision du ministre, du 5 thermidor an 10.*)

Elle ne varie pas, quelle que soit l'origine du bâtiment qui a apporté le tabac.

Toutes les opérations relatives à cette taxe sont faites par les préposés des domaines; ceux des douanes se bornent à en faciliter la perception.

Isles françaises en Europe exceptées du régime des douanes.

Isles d'Yeu, Belle-Isle, Ouessant, Mollenne, Hédic et Isle-des-Saints.

Ces îles ne sont point sujettes aux droits du tarif. Leurs habitans peuvent néanmoins introduire, en exemption de droits, les sels et les produits de leur pêche, et recevoir les bois nécessaires à leur consommation. (*Loi du 10 juillet 1791.*)

L'art. 5 du titre 1er. de la loi du 4 germinal an 2, exempte les autres denrées et productions du sol; il porte encore qu'il ne pourra être importé desdites îles aucun objet manufacturé, tant qu'il ne sera pas justifié qu'il est le produit de manufacture y existante et reconnue par le gouvernement.

Isles de Groix, de Bouin, de la Crosnière et de Noirmoutiers.

La perception des droits de douane a lieu à l'entrée et à la sortie des îles de Groix, Bouin, la Crosnière et Noirmoutiers; et, cependant, pour empêcher qu'elles servent d'entrepôt à des productions étrangères, les habitans desdites îles peuvent seulement apporter, en exemption de droits, les produits de leur culture et de leur pêche. Toute autre importation est traitée comme étrangère, si elle n'est accompagnée d'un acquit des droits payés à l'entrée desdites îles. (*Loi du 10 juillet 1791, art. 1.*)

Ils peuvent encore importer, en exemption, les autres denrées et productions de leur sol, mais non des objets manufacturés. (*Loi du 4 germinal, tit. 1, art. 5.*)

L'article IV du titre Ier. du décret du 4 germinal an 2, défendait l'admission dans les îles ci-dessus, hors le cas de relâche forcée, des bâtimens étrangers et des bâtimens français venant de l'étranger. Il y a été dérogé pour l'île de Noirmoutiers, par arrêté du 2 thermidor an 10, qui rétablit les relations commerciales entre cette île et l'étranger, ainsi qu'elles existaient avant le décret du 4 germinal.

Isle de Corse, régime particulier.

Les lois de la république française, relatives aux importations et exportations, sont exécutées dans cette île. (*Arrêté du 6 prairial an 10, art. 1.*)

Les marchandises et denrées, expédiées du continent français pour cette île, ne sont soumises à aucun droit de sortie et d'entrée. (*Art.* 2.)

Les marchandises et denrées du crû et des fabriques de cette île, sont également exemptes des droits de sortie et d'entrée, lorsqu'elles sont envoyées sur le continent français, et qu'elles sont accompagnées d'un certificat d'origine et d'une expédition de la douane du port d'embarquement. (*Art.* 3.)

Les objets dont l'exportation à l'étranger est prohibée, ne peuvent être expédiés du continent pour cette île, que sur des permissions particulières du gouvernement. (*Art.* 4.)

Les marchandises étrangères dont l'importation n'est pas défendue, qui, après avoir été introduites en Corse, sont expédiées pour le continent, n'y sont admises, en exemption de droits, qu'en représentant les acquits de paiement de ceux qui ont été perçus à leur entrée dans cette île, et une expédition de la douane du port d'embarquement. (*Art.* 6.)

Les marchandises manufacturées en Corse, et de l'espèce de celles dont l'importation est défendue, qui sont expédiées de cette île pour les ports du continent, n'y sont admises qu'en justifiant, par des certificats authentiques, qu'elles ont été fabriquées en Corse. (*Art.* 7.)

Isle d'Elbe.

Ses ports et son territoire sont francs des droits de douane. (*Arrêté du 22 nivose an 11.*)

Entrepôt.

On nomme ainsi l'asyle donné à une marchandise, en attendant sa destination ultérieure.

Commerce du Levant.

Un entrepôt de dix-huit mois est accordé dans le port d'arrivée, aux marchandises provenant du commerce français au Levant. (*Loi du 11 nivose an 3, art. 3.*)

Commerce de l'Inde.

Les toiles rayées ou à carreaux, et les guinées bleues du commerce français au-delà du cap de Bonne-Espérance, jouissent d'un entrepôt de cinq années. Celui accordé aux autres marchandises du même commerce n'est que de deux années. (*Loi du 6 juillet 1791 , art. 15.*)

Commerce du Sénégal.

Les guinées bleues étrangères destinées pour ce commerce sont admises en entrepôt sans certificat d'origine. (*Arrêté du 8 floréal an 10, art. 1ᵉʳ.*)

Les autres marchandises à la même destination, qui, quoique prohibées pour la consommation de l'intérieur, étaient admises en entrepôt par les anciennes lois relatives au commerce de la côte d'Afrique, jouissent de la même faculté. (*Art. 2.*)

Ces marchandises ont été désignées dans l'arrêté du 11 thermidor an 10, art. 2. Ce sont les couteaux de traite, les flacons de verre, les rassades et autres verroteries, la grosse quincaillerie, le tabac du Brésil à fumer, et on y a rappelé les toiles dites guinées.

Cet entrepôt ne peut avoir lieu que dans les treize ports ouverts par l'arrêté du 11 thermidor, à celui des marchandises étrangères. Ce sera dans ces ports que se feront exclusivement les armemens du Sénégal. (*Décision du ministre, du 13 fructidor an 10.*)

Les faveurs rétablies pour l'exploitation du commerce des Français au Sénégal, s'étendent aux expéditions pour tous les autres comptoirs de la côte d'Afrique.

Commerce des Colonies françaises.

On a ajouté à l'entrepôt dont jouissaient les bœufs, beurre, lard, saumons salés et chandelles importés de l'étranger pour ces Colonies, celui des chaudières de cuivre à la même destination. (*Arrêté du 5 brumaire an 11.*)

Les productions venant de ces Colonies jouissent d'un entrepôt d'une année. (*Arrêté du 5 thermidor an 10, art. 4.*)

Les denrées coloniales étrangères d'un entrepôt de la même durée. (*Art. 9.*)

Entrepôt des marchandises étrangères.

Un entrepôt réel des marchandises et denrées étrangères non prohibées, a été établi dans les ports de Bayonne, Bordeaux, la Rochelle, Nantes, Lorient, St.-Malo, Cherbourg, le Havre, Dunkerque, Ostende, Anvers, Marseille et Cette. (*Arrêté du 11 thermidor an 10, art 1 et 2.*)

Les mousselines ne peuvent être admises que dans les entrepôts de Bordeaux, Nantes, Lorient et le Havre, seuls ports ouverts à leur importation.

Ces villes ne peuvent jouir de l'entrepôt qu'à la charge de fournir, sur le port, des magasins convenables, sûrs et réunis en un seul corps de bâtiment, pour y établir ledit entrepôt; à l'effet de quoi le plan du local sera présenté au gouvernement, qui, après avoir fait examiner s'il est propre à sa destination, l'y affectera, s'il y a lieu, par un arrêté spécial. (*Art. 3.*)

Rouen vient d'obtenir un pareil entrepôt.

Entrepôt de Tabacs.

Les tabacs en feuilles venant de l'étranger, peuvent être dix-huit mois en entrepôt, sans payer le droit. (*Loi du 29 floréal an 10, art. 5.*)

Les magasins doivent être sûrs, et, si les localités le permettent, sans communication avec d'autres bâtimens; sous la clef des préposés de l'administration des douanes et celle du propriétaire. La mutation d'entrepôt d'un port à un autre, n'a lieu que dans le cas d'une nécessité bien reconnue, et sur l'autorisation du conseiller-d'état directeur général.

Les tabacs venant à Bordeaux ne pouvaient y être entreposés que dans le magasin situé au lieu dit Bacalan. (*Arrêté du 7 frimaire an 10.*)

Cinq autres magasins situés, tant à Bacalan qu'à la Croix-Maron, ont été ajoutés par arrêté du 9 thermidor même année.

Ces tabacs, avant d'être admis en entrepôt, doivent être vérifiés par les préposés, et pesés en leur présence, aux frais des propriétaires. (*Art. 2.*)

Entrepôt des eaux-de-vie de genièvre.

Les eaux-de-vie de genièvre jouissent à Roscoff, Morlaix, St.-Malo, Cherbourg, Fécamp, Dieppe, Boulogne, Calais et Gravelines, d'un an d'entrepôt, pendant lequel ils peuvent être réexportés à l'étranger, en exemption de tous droits. (*Loi du 19 octobre 1791.*)

Cet entrepôt a été étendu :

A Dunkerque, par décision du 13 ventose an 10.

A Ostende, par celle du 18 germinal même année.

Les rhums et les tafias sont aussi admis en entrepôt réel dans le port de Cherbourg. (*Arrêté du 10 frimaire an 11, art. 1ᵉʳ.*)

Le commerce doit fournir sur le port, à ses frais, des magasins convenables, sûrs et réunis en un seul corps de bâtiment et enceinte; le plan du local sera présenté au gouvernement, pour être approuvé s'il y a lieu. (*Art.* 2.)

L'importation de ces rhums et tafias, et celle des eaux-de-vie de genièvre, dont cet arrêté confirme l'entrepôt, ne peut être faite que par des bâtimens de cent tonneaux et au-dessus. (*Art.* 3.)

Entrepôt à Strasbourg.

Celui réel qui y existait pour les marchandises étrangères non prohibées y arrivant par le pont du Rhin, et par le Rhin on la rivière d'Ill, a été rétabli. Sa durée est de trois mois. (*Arrêté du 20 prairial an 10.*)

Entrepôt à Marseille.

L'établissement, au port de Marseille, d'un entrepôt pour les marchandises étrangères, a été fait par arrêté du 6 messidor an 10.

Sa durée, pour les marchandises dont l'entrepôt est fictif, sera seulement d'un an. Elle s'élèvera à deux années pour ce qui sera entreposé réellement. (*Arrêté du 6 messidor an 10.*)

Les magasins, pour l'entrepôt réel, doivent être sur le port, et avoir été agréés par le gouvernement. (*Arrêté du 11 thermidor an 10, art. 3.*)

Entrepôt sur les quais de Mayence et de Cologne, des marchandises transitant par le Rhin.

Pour ramener sur la rive gauche du Rhin, le commerce infiniment important d'expédition et de transit de la Hollande en Suisse, et en Allemagne par ce fleuve, et respectivement, il était indispensable de lui accorder, sur les ports de Mayence et de Cologne, un local où les marchandises et denrées faisant l'objet de ce commerce, pussent, sans déclaration, visite ou autre formalité, aborder, être déchargées, séjourner et être mises dans d'autres bateaux ; c'est ce qui a été fait par des arrêtés du commissaire-général du gouvernement dans les départemens de la rive gauche, des 22 floréal et 22 prairial an 10, dont les dispositions ont été adoptées par arrêté des consuls, du 23 thermidor suivant.

Cette mesure en exigeait d'autres ; elles avaient même été convenues. Le conseiller-d'état Dauchy, en mission dans les quatre départemens réunis de la rive gauche du Rhin, appréciera leur nécessité et leur urgence.

Transit.

On nomme ainsi le passage, sur le territoire français, d'une marchandise expédiée de l'étranger à l'étranger. Cette dénomination s'applique quelquefois, mais improprement, aux expéditions de France en France, par emprunt du territoire étranger.

Les marchandises du commerce français au Levant, ont conservé la faculté de ce transit. (*Loi du 11 nivose an 5, art. 3.*)

Les laines étrangères non filées en jouissent. (*Loi du 24 nivose an 5.*)

Les marchandises étrangères non prohibées, empruntant l'ancien département du Mont-Terrible, en jouissent également. (*Décret du 26 mars 1793.*)

Il est accordé aux sucres-têtes et terrés, cafés et cacao des Colonies françaises, ainsi qu'aux poivres, pendant leur année d'entrepôt, en payant par 5 myriagrammes, savoir, les cafés et cacao, 2 fr. 5o c., les sucres-têtes et terrés, 1 fr. 5o c., et les poivres, 5 francs. (*Arrêté du 29 vendémiaire an 11, art. 1er.*)

Ce transit ne peut s'effectuer que par les bureaux de Strasbourg, Bourg-Libre, Verrières-de-Joux, Versoix, Béhobie et Ainhoa. (*Art.* 2.)

Celles des denrées coloniales susdites qui devront sortir par le bureau de Strasbourg, pourront être mises dans l'entrepôt accordé à cette ville, par l'arrêté du 20 prairial an 10, jusqu'à l'échéance du délai de leur entrepôt. (*Même art.* 2.)

L'entrée, par terre, des tabacs en feuilles étant prohibée, cette matière ne peut transiter par emprunt du territoire français. C'est une suite du principe d'après lequel une marchandise défendue ne peut, dans aucune circonstance, et sous aucun prétexte, traverser la république pour une destination quelconque.

Transit ou péage sur le Rhin.

La perception de ce droit, sur la partie française, a été confiée à l'administration des douanes par arrêté des consuls, du 14 thermidor an 8.

Son produit est affecté aux réparations des digues, chemins de hallage, et autres travaux de navigation sur la rive gauche du Rhin. (*Art.* 3.)

Celui de l'an 10 s'est élevé, brut, à 455,318 fr., dont il faut déduire 37,119 fr. pour frais de régie.

Le bureau d'Orsoy a perçu 59,078 fr. ; Urdingen, 94,664 fr. ; Zons, 20,378 fr. ; Cologne, 47,808 fr. ; Bonn, 24,776 fr. ; Andernach, 30,105 fr. ; Coblentz, 19,641 fr. ; St.-Goar, 15,113 fr. ; Baccarach, 23,398 fr. ; Bingen, 20,484 fr. ; Mayence, 77,617 fr. ; Oppenheim, 15,656 fr. ; Guermersheim, 6,622 francs.

Importations en Cafés, Sucres, Tabacs, etc., en l'an 10.

QUANTITÉS — POIDS MÉTRIQUE.		DROITS PERÇUS.		
Cafés....................................	15.951,039 ℔	.... 3,788,860fr. 50c.		
Sucres...............	Brut 24,525,675	2,123,470fr. 75 c		
	Têtes et terrés.... 9,029,622	2,344,297 12	8,678,660	55
	Raffiné. 9,542,766	4,210,892 68		
Tabacs..............	Par navires français. 1,919,245	843,728 52		
	Etrangers........ 9,105,282	5,152,064 68	5,995,793	20
Toiles de coton blanches..................	2,124,523	 2,287,000	10	
		TOTAL........ 20,750,314 fr. 55 c.		

Directions par lesquelles ces productions ont été importées.

Café.

Anvers, 1,810,122 ℔; Clèves, 1,685,260; Cologne, 1,196,943; Mayence, 406,122.

Bayonne, 73,810; Bordeaux, 1,809,720; la Rochelle, 80,285; Nantes, 131,814; Brest, 64,715.

Rouen, 1,496,276; Saint-Vallery-sur-Somme, 578,623; Boulogne, 157,059; Dunkerque, 802,150.

Marseille, 3,742,775.

Il n'en a été importé par les autres directions que 111,365.

Sucre rafiné.

Anvers, 2,392,210; Clèves, 799,080; Cologne, 912,567; Mayence, 662,553.

Bordeaux, 126,094.

Rouen, 993,418; St. Vallery-sur-S., 2,130,564; Boulogne, 903,676; Dunkerque, 325,538.

Par les autres directions, 97,266.

Sucre tête et terré.

Anvers, 751,173.

Bordeaux, 2,554,612; Nantes, 1,177,270; Lorient, 113,753.

Rouen, 2,152.975; St.-Vallery-sur-S., 498,201; Dunkerque, 213,176.

Marseille, 1,190,710.

Par les autres directions, 577,752.

Sucre brut.

Anvers, 5,281,760.

Bordeaux, 3,680,172; la Rochelle, 205,641; Nantes, 1,644,762; Brest, 145,556.

Rouen, 8,560,521; St.-Vallery-sur-S. 1,654,881; Boulogne, 732,036; Dunkerque, 1,855,620.

Marseille, 689.727 ℔
Par les autres directions, 273,019.

Tabac.

Anvers, 1,171,208.

Bordeaux, 3,752,083; Nantes, 730,205.

Lorient, 550,577; Brest, 333,832.

Saint-Malo, 108,655, Rouen, 926,686; St.-Vallery-sur-Somme, 520,661; Dunkerque, 1,840,552.

Marseille, 976,213.

Par les autres directions, 311,857.

Toiles de coton blanches.

Anvers, 547,277; Strasbourg, 131,878.

Bordeaux, 217,639.

Rouen, 253,793; St.-Vallery-sur-Somme, 156,315; Boulogne, 534,880; Dunkerque, 166,716.

Par les autres directions, 116,025.

Produit net des droits de douane en 1791 et 1792, et des droits de douane et de navigation maritime, ès années 5, 6 et suivantes.

ANNÉES.	PRODUITS.
1791....................	16,476,875 fr.
1792....................	12,622,141
An — 5....................	15.517.934
—— 6....................	12,417,250
—— 7....................	9,532,570
—— 8....................	14,064,318
—— 9....................	18,886,055
—— 10....................	31,000,000

Les produits des 4 premiers mois de l'an 11 excèdent ceux de pareils mois de l'an 10.

FIN.

TABLE DES MATIERES.

ÉTAT, par direction, des bureaux de douane et de navigation, par ordre topographique, depuis COULDOUX*, près* FOS*, situé sur la route de* CIERP *à la vallée d'*ARREAU *en Espagne.*

Nota. Les bureaux principaux sont en gros caractères, et on fait connaître quels sont ceux ouverts à certaines marchandises et à quelque branche particulière de commerce.

Il existe sur les frontières de terre deux lignes de bureaux. Les plus voisins de l'étranger sont appelés de première ligne; ceux de seconde en sont éloignés d'environ quatre lieues.

DIRECTION DE BAYONNE,

Dont les bureaux de terre touchent au territoire espagnol.

Principalité de Cierp.

1ere. ligne. Couldoux — Fos — Bagnères-de-Luchon — Loudenvielle — Vielle.
2e. ligne. St.-Béat — CIERP — Arreau.

Principalité de Luz.

1ere. ligne. Gèdre — Cauterelz — Arrenx.
2e. ligne. LUZ-EN-BARREGES.

Principalité de Bedous.

1ere. ligne. Larrunx — Urdos — Ariete — Larreau.
2e. ligne. BEDOUS — Lescun — Licq.

Principalité de Saint-Jean-Pied-de-Port.

1ere. ligne. Lecumbery — St.-Michel — Roqueloux — Arneguy — Lasse — Baigorry — les Aldudes — St.-Martin-d'Arossa — Bidarraye.
2e. ligne. St.-JEAN-PIED-DE-PORT.

Principalité de Saint-Jean-de-Luz.

1ere. ligne. Itzatzou — Espelette — Ainhoa, ouvert à la sortie des denrées coloniales expédiées pour l'Espagne, en transit — Sarre — Olhette — Behobie (comme celui d'Ainhoa) — Hendaye — St.-JEAN-DE-LUZ.

2e. ligne. Surraïde.
BAYONNE, ouvert aux retours des colonies, au commerce d'Afrique, et à l'entrepôt des marchandises étrangères.

D^{on}. DE BORDEAUX.

La tête-de-Buch — Pauillac — BORDEAUX, ouvert aux retours des colonies, au commerce d'Afrique, à l'entrepôt des marchandises étrangères, aux tabacs et aux mousselines.
LIBOURNE — Cussac.
BLAYE — Mortagne — Royan.

D^{on}. DE LA ROCHELLE.

La Tremblade — Chatresac — Riberou — Lecgua — MARENNES.
ROCHEFORT, ouvert aux retours des colonies — Charente.
LA ROCHELLE (comme Bayonne) et de plus ouvert aux tabacs.
MARANS — St.-Michel — Moricq — Latranche.
CHATEAU-D'OLERON — St.-Pierre-d'Oleron — St.-Denis.
La Flotte — St.-MARTIN-ILE-DE-RHÉ — Ars.
SABLES D'OLONNE — Croix-de-Vicq.

D^{on}. DE NANTES.

NOIRMOUTIERS — Barredemont — Beauvoir.
Bouin — Bourgneuf — Pornic — PAIMBŒUF.

A

Le Pellerin — Couëron — NANTES, ouvert aux mêmes commerces, marchandises et entrepôts que Bordeaux.

Méans — St.-Nazaire — Pouliguen — Le-croisic--Mesquer--Roche-Sauveur--Rhedon.

Dᵒⁿ. DE LORIENT.

Vieille-Roche — Biliers — Penerf — Sarzeau — Port-Navalo — VANNES — Auray — Lomariaquer — la Trinité — Quiberon — Jniel — Belle-Isle-en-Mer — Hennebond.

LORIENT, ouverts aux retours de l'Inde, à ceux des Colonies françaises d'Amérique, au commerce du Sénégal, aux mousselines, à l'entrepôt des marchandises étrangères, et aux tabacs. — PORT-LIBERTÉ.

Quimperlé — Poulduc — Pontavenne — Concarneau — la Forêt — QUIMPER — Benaudet — Pont-l'Abbé — Audierne — Douarnenez — Port-Launay.

Dᵒⁿ. DE BREST.

Camaret — Lanvoc — Landevenec — le Faon — Daoulas — Plougastel — Landerneau — Brest, ouvert au commerce des colonies — le Conquet — Labérildut — Argenton — Kersaint.

Roscoff, ouvert à l'entrepôt des eaux-de-vie de genièvre. — Abreverack — Pontusval — Kernic — MORLAIX, ouvert aux tabacs et aux retours des colonies françaises. — St.-Pol-de-Léon — Loquirec — Lannion — Perros — Treguier — Lézardrieux — Pontrieux.

Dᵒⁿ. DE SAINT-MALO.

Bréhat — Paimpol — Portrieux — Binic — LE LÉGUÉ — Erqui — Dahouet — Port-à-le-Duc — St.-Cast — Leguildo — St.-Briac — St.-Servan — ST.-MALO, ouvert à l'importation des tabacs, à l'entrepôt des eaux-de-vie de genièvre, à celui des marchandises étrangères, et au commerce du Sénégal — Cancalle — Levivier — Pas-au-Bœuf.

Dᵒⁿ. DE CHERBOURG.

Pontorson — Courtils — St.-Léonard — GRANVILLE — Regneville — St.-Germain-sur-E.

Port-Bail — Carteret — Dillette — Omonville — CHERBOURG, ouvert aux retours des colonies, au commerce d'Afrique, à l'entrepôt des marchandises étrangères non prohibées; à celui des eaux-de-vie de genièvre, rhum et tafia. — Barfleur — la Hougue — Quineville — Carentan.

Isigny — Grand-Camp — Port-en-Bessin — Courseulles — CAEN — Sallenelles — Dives.

Dᵒⁿ. DE ROUEN.

Le Quai-au-Coq — Touques — Villerville — HONFLEUR, ouvert aux retours des colonies — St.-Sauveur — St.-Samson — Quillebeuf.

Aisier — Lamaillerais — la Bouille — ROUEN ouvert aux retours des colonies, avec un entrepôt de marchandises étrangères non prohibées — Dieppedalle — Duclair — Caudebec.

Tancarville — St.-Jacques — Harfleur — LE HAVRE, ouvert aux retours des colonies, au commerce d'Afrique, à l'entrepôt des marchandises étrangères, et aux tabacs — Etretat — Fécamp, ouvert à l'entrepôt des eaux-de-vie de genièvre.

Dᵒⁿ. DE St.-VALLERY-SUR-SOMME.

St.-Vallery-en-Caux — DIEPPE, ouvert aux tabacs et à l'entrepôt des eaux-de-vie de genièvre — Tréport.

ST.-VALLERY-SUR-SOMME, ouvert aux retours des colonies — Abbeville — le Crotoy.

Dᵒⁿ. DE BOULOGNE.

Berck — ETAPLES.

BOULOGNE, ouvert aux retours des colonies et à l'entrepôt des eaux-de-vie de genièvre.

CALAIS (comme Boulogne.)

Dᵒⁿ. DE DUNKERQUE.

Gravelines, ouvert à l'entrepôt des eaux-de-vie de genièvre — DUNKERQUE, ouvert aux retours des colonies, au commerce d'Afrique, aux tabacs, à l'entrepôt des marchandises étrangères non-prohibées, et à celui des eaux-de-vie de genièvre.

Nieuport — Slykens — OSTENDE, ouvert aux mêmes commerce et entrepôts que Dunkerque — Blankemberg — As-de-Grave — l'Écluse — Ardembourg.

BRUGES, douane d'entrepôt en 2e. ligne, où on arrive par Ostende.

D^{on}. D'ANVERS.

Principalité de Sas-de-Gand.

1ere. ligne sur l'Escaut. Cassandria — Breskens — Hoofplaaten — Biervliet — Philippine.
2e. ligne. SAS-DE-GAND — Oosbourg — Caprycke — Erwelden.

Principalité d'Hulst.

1ere. ligne sur l'Escaut. Axel — Ter-Neusen — Zaamslaag — HULST — Welzoorden — Kildrecht — Doel.
2e. ligne. Morbecke — St.-Nicolas.

Principalité d'Anvers.

ANVERS, ouvert aux retours des Colonies, au commerce d'Afrique, à l'entrée des tabacs, et à l'entrepôt des marchandises étrangères — Lillo, sur l'Escaut, en avant d'Anvers.
2e. ligne. Saint-Antoine.

Principalité de West-Wesel.

Sandvliet — Putte — Achterbroeck — West-Wesel — Meersel — Hoogstraaten — Barle-Duc — Poppel.

Principalité de Turnhout.

TURNHOUT — Arendonck — Postel — Baelen.
2e. ligne. Gierlé — Casterlé — Ghéel.
GAND, douane d'entrepôt provisoirement supprimée, comme n'étant pas comprise dans la nomenclature de celles d'entrepôt.
BRUXELLES, *idem.*
LOUVAIN, *idem.*

D^{on}. DE CLEVES.

Principalité de Wéert, en 1ere. ligne.

Kerkoven — Holvenne — Néerpelt — Achel — Hamont — Loussen — WEERT — Bossooven — Hussooven — Nederweert.

Principalité de Meuven, en 2e. ligne.

Tessenderlo — Beringen — Solder — Helecteren — MEUVEN — Grotroy — Neerœtteren — Neerjtteren — Beyden.

Principalité de Venloo.

1ere. ligne. Meyel — Helden — Bray — Horst — les Hayes — Venraye — Meersel — Geesteren.
2e. ligne. Ruremonde — le Rœver — Stael — VENLOO — Artsen — Gueldres.

Principalité de Cranembourg.

1ere. ligne. Well — Berghen — Afferden — Heyden — Gennep — Moock — Grasweg — CRANEMBOURG — Zephelick — Kekerdom.
2e. ligne. Kevelaer — Goch.

Principalité de Clèves.

1ere. ligne. Bimem — l'Écluse — Griethuysen — Hurindick — Griet — Neermorenter — Winem — Beck.
2e. ligne. CLÈVES — Calcar — Santen.

Principalité de Mœurs.

1ere. ligne. Genderick — Burick — Ossemberg — Rhinberg — Orsoy — Baerl — Homberg — Essemberg — Emmerick — Fremersheim.
2e. ligne. MOEURS — Neukirken — Schaffousen — Huls — St.-Antonis.

D^{on}. DE COLOGNE.

Principalité de Neuss.

1ere. ligne sur le Rhin. Urdingen — Langst — Herd — Obercassel — NEUSS — Grimlinghausen — Stéorselberg — Zons — Dormagen.
2e. ligne. Crevelt — Worst — Niersen — Gladbach — Rheidt — Neukirchen — Jalzveilers — Kaster.

Principalité de Cologne.

1ere. lig. sur le Rhin. Worringen — Rhincassel — COLOGNE, ouvert à l'importation des tabacs, et dont une portion des quais est affranchie de la police des douanes — Suirdt — Wiessling.
2e. ligne. Belburg — Quadrath — Mutherath — Lechenich — Abrem.

Principalité de Bonn.

1ere. lig. sur le Rhin. Hersel — BONN — Godesberg — Millheim — Oberwinter — Reimagen — Zinzig.

2e. ligne. Frissem — Crosbulessem — Rhinbach — Aldenath.

Principalité de Coblentz.

1er. lig. sur le Rhin. Andernach — Weisseinturn — St.-Sébastien — COBLENTZ — Warscheim — Brissich — Rées.

2e. ligne. Kempenich — Mayen — Polich — Hatzenforth.

D°n. DE MAYENCE.

Principalité de St.-Goar, sur le Rhin.

Oberspey — Boppart — ST.-GOAR — Oberwesel. — Baccarach.

Principalité de Bingen, sur le Rhin.

Heimbach — BINGEN — Galsheim — Weinsheim — Heydesheim — Budenheim.

Principalité de Mayence, sur le Rhin.

1ere. ligne. MAYENCE, ouvert à l'importation des tabacs, et dont une portion des quais est affranchie de la police des douanes — Weissenau.

Principalité de Creutznach, 2e. ligne.

Burgen, sur la Moselle — Domershausen Castellane — Simmeren — Mengerscheidt — Wirtenburg — Weinsheim — CREUTZNACH — Wilstein — Arnsheim.

Principalité de Worms, sur le Rhin.

Nierstein — Oppenheim, ouvert au transit, de Strasbourg à Mayence — Geimsheim — Eich — Hamm — Rhinturckheim — WORMS — Franckenthal.

Principalité de Spire, sur le Rhin.

Friesenheim — Oggersheim — Mundenheim — Neuhoffen — Otterstadt — SPIRE — Mechtersheim — Lingenfeld.

Principalité d'Alzey, 2e. ligne.

Eichloch — Enzheim — ALZEY — Oberflersheim — Dahlsein — Wachenheim — Groschienhem — Grunstadt — Kirckheim.

Principalité de Durckheim, 2e. ligne.

Kahlstadt — DURCKHEIM — Wachenheim, près Durckheim — Deidesheim — Newstadt — Didesfeldt — Edenkoben — Rochebach.

D°n. DE STRASBOURG.

Principalité de Lauterbourg.

Guermersheim — Hœrdt — Leimersheim — Wœrth — Neubourg — LAUTERBOURG — Munichausen — Seltz — Neuheusel (sur ou près du Rhin.)

2e. ligne. Landau — Schweighoffen — Altstatt — Rittershoffen — Haguenau.

Principalité de Strasbourg.

1ere. lig., sur ou près du Rhin. Reschwoog — Drusenheim — Offendorff — la Wantzenau — Pont-du-Rhin — STRASBOURG, ouvert à l'importation des tabacs, et à la sortie des denrées coloniales transitant, et ayant un entrepôt de marchandises étrangères.

2e. ligne. Brumath — Schnersheim — Wirdickheim — Egersheim — Altdorff.

Principalité de l'Isle-de-Paille.

1ere. ligne. Krafft — Rhinau — Schœnau — Marckolsheim — Artzheim — l'ISLE-DE-PAILLE — Schalampé.

2e. ligne. Niderenheim — Benfeld — Schelestatt — Ilheusseren — Horbourg — Sainte-Croix — Eusisheim.

Principalité de Bourg-Libre.

1ere. ligne. Huningue — BOURG-LIBRE, ouvert à l'importation des mousselines et des toiles peintes, et à la sortie des denrées coloniales expédiées en transit, comme encore au transit accordé par l'arrêté du 4 pluviose an 11 — Bourg-Feld — Hegenheim — Alschwiller — Oberwiller — Rheinach.

2e. ligne. Mulhausen — Dagsdorff — Ferrette.

Principalité de Délemont.

1ere. ligne. Lauffon — Brislach — DÉLEMONT — Montsevilliers — Mervilliers — Wermes — Crémines — Court.

2e. ligne. Glovilliers.

D^{on}. DE BESANÇON.

Principalité de Bienne.

1ere. lig. Perle —BIENNE —La Neuveville — Nods (Haut-Rhin) — les Pontains — Renans —La Cibourg.
2e. ligne. Montfaucon — Bellelay.

Principalité de Flangebouche.

1ere. ligne. Blanche-Roche — Levillers — les Sarrasins — les Gras.
2e. ligne. St.-Gorgon — Nods (Doubs) — Passonfontaine — FLANGEBOUCHE — Pierrefontaine — St.-Maurice — St.-Hippolyte — Indevilliers.

P rincipalité de Pontarlier.

1ere. ligne. Les Allemands — Verrières-de Joux, ouvert à l'importation des mousselines et des toiles peintes, et à la sortie des productions de nos colonies expédiées en transit — les Fourgs — Jougne — Rochejean — Mouthe — Chauneuve.
2e. ligne. Bonnevaux — PONTARLIER (par lequel on pénètre dans l'intérieur en venant par Jougne et les Verrières) — Sombaccourt — Chaffois — Fraroz.

Principalité de Morez.

1ere. lig. Bois-d'Amont—La Cure—Mijoux.
2e. lig. Les Planches — Morillon — Chaux du Dombief — MOREZ — St-Claude.

D^{on}. DE GENEVE.

Principalité de Versoix.

1ere. lig. Crassier — Sauverny — VERSOIX, ouvert aux mêmes importations et exportations que le bureau de Verrières.
2e ligne. Saint-Genix.

Principalité de Genéve.

1ere. lig. sur le lac Léman. GENÈVE — Bellerive — Hermance.
2e. lig. Bernex — St.-Julien — Drize — Annemasse.

Principalité de Thonon.

1ere. ligne sur le lac Léman. Nernier — Bonnatray — THONON — Amphion — Evian Latourronde — Milleray — St.-Gingolph.

Principalité de Samoëns.

Abondance — Châtel — Morzine — SAMOENS — Valorzine — Argentières.

D^{on}. DE TURIN.

TURIN (douane intérieure, conservée par arrêté du 5 brumaire an 10, pour certaines expéditions.)

Principalité d'Aouste.

St.-Remy (ouvert au transit entre les républiques cisalpine, ligurienne, helvétique, et les états de Parme) — Valpellina — AOUSTE — Etroubles.

Principalité de Gattinara.

1ere. ligne. Cervola — Agnuona — Serravalle — Ventebbio — GATTINARA — Lenta.
2e. lig. Andorno — Crevacuore — Lossolo.

Principalité d'Arborio.

1ere. ligne. Ghislarengo — ARBORIO — Albano.
2e. lig. Rasio — Buronzo, Colobiano.

Principalité de Verceil.

1ere. ligne. Belot — VERCEIL (comme St.-Remy) — Prarolo — Caresana — Motta-de-Conti — Terra-Nova.
2e. ligne. Cassina-Dextra — Dezzana — Stroppiana — Villa-Nova.

Principalité de Valence.

1ere. ligne. Valmacca — Pomaro — Monte —VALENCE — Pecetto — Assignana — Grava — Salle (comme St.-Remy) Guazora.
2e. ligne. Frazinetto — Cazal — Occimiano.

Principalité d'Alexandrie, en 2e. ligne.

St.-Salvatore — Castel-Ceriolo — Provera ALEXANDRIE — St.-Guiliano — la Spinetta.

Principalité de Pozzolo.

1ere. ligne. Bettole — POZZOLO (ouvert au transit entre les républiques cisalpine , ligurienne, helvétique et les états de Parme) — Bosco — Fressonara — Bassaluzzo — Pasturana — Francavilla.

2e. ligne. 4 Cassines — Retorto — Pedresso — Capriata.

Principalité de Cassano-Spinola.

1ere. ligne. CASSANO-SPINOLA — Cuquello — Sorny — Vignole — Pont-de-Scraval — Monteggio — Abbazia-Dimolo.

2e. ligne. Paderna — Monteginocco — Castellania.

Principalité de Tortone, en 2e. ligne.

Tore de Galo-Soli — Vighizole — Villa-Romagnano — Rivalta — TORTONE.

Principalité de Casatisme.

1ere. ligne. Gerola — Silvano — Cerano — Cervesina — Bastida (comme St.-Remy) — Dispancara — Cassina-Bella — CASATISME — Réa.

2e. lig. Castel-Novo de Scriva — Voghère.

Principalité de Stradella.

1ere. ligne. Venezia — Mezzano — St.-Cypriano — Port-Albera — Arena — STRADELLA — Parpanèze — Cardazzo — Rovescala — Douelasco.

2e. ligne. Broni — Montalto.

Principalité de Zavetierello.

1ere. ligne. Soriasco — Volpara — Caminata — Trebecco — Poggio-gabionne — Romagnèse.

2e. lig. Bolgoratto — Rosedalbera — ZAVETIERELLO — Varsi.

Principalité de Bobbio.

1ere. ligne. BOBBIO — Confiente — Montarzolo — Sancta-Marguarita.

2e. ligne. Vaccarezza.

Principalité de St.-Sébastien.

1ere. ligne. Fejo — Giarolo — Galedassy — ST.-SÉBASTIEN — Gabella — Dernice (comme St.-Remy.)

2e. ligne. Briguano.

Principalité de Sylvano-Adorno.

1ere. ligne. Bizio — Santo-Cristofaro — Castelladorno — SYLVANO-ADORNO — Montaldeo — Mornese — Perma — Tagliolo.

2e. ligne. Prato Arborato.

Principalité d'Acqui.

1ere. ligne. Roccagrimaldi — Tresobbio — Botte — Cremolino — Mollare — Morbello — Pouzono.

2e. ligne. Cartozio — Acqui — Pedaggiera — Carpenetto.

Principalité d'Altare.

1ere. ligne. Ferrania — ALTARE — Mallère — Cosseria — Millesimo — Biestro — Muriatto.

2e. ligne. Montezemolo — Salicetto — Cairo.

Principalité de Pontivrea.

1ere. lig. Mioglia — Miojola — PONTIVREA — Montenotte.

2e. ligne. Dego , Giuwalle — Spigno.

Principalité de Mondovi.

1ere. ligne. Perlo.

2e. Ceva — St.-Michel — Monasterolo — MONDOVI.

Principalité de Garessia.

1ere. ligne. Bagnasco — Priola — Bardinetto — Nasino — Ornéa.

2e. ligne. Casotto — GARESSIO — Sancta-Anna.

Principalité de la Chius.

1ere ligne. Frabouza — Roccaforte — Rastello — Casadipesio — LA CHIUSA.

2e. ligne Peveragno.

D^{on}. DE NICE.

Principalité de Nice.

1ere ligne de terre. Tende — Labrigne — Saorgio — le Breuil — Sospello — Pigne — Dolce-Aqua — Perinaldo — Caravan.

Menton —Monaco — St.-Hospice —Ville-franche et Nice, sur la Méditerranée. Nice est ouvert aux retours des Colonies.
2e. ligne. La Turbie.

Principalité d'Antibes.

Cros-de-Cague — Antibes — Golfe-Jouan — Cannes — Isle-Ste.-Marguerite — Théoule.

D^{on}. DE TOULON.

Principalité de Saint-Tropez.

Les Agayes — St.-Rapheau — Ste.-Maxime — St.-Tropez — Cavalaire.

Principalité de Toulon.

Lavandon — Léoubes — les Salins-d'Hières — Porte-Cros — Gien — Carqueranne — Cros-George — Toulon, ouvert aux retours de l'Inde, à ceux des colonies, et même à ceux du Levant — la Seyne — St.-Elme — le Bruscq — Sanary — Bandol.

INSPECTION DE BASTIA. (Corse.)

Principalité de Bastia.

Bastia — Capraïa — Rogliano, ou Maccinaggio — Cervione, ou Aleria — St.-Florent, ou Nouza.

Principalité de l'Isle-Rousse.

Isle-Rousse — Algajola — Calvi.

Principalité d'Ajaccio.

Ajaccio — Bonifacio — Propriano — Tizanno — Carghèse — Porto-Vecchio.

D^{on}. DE MARSEILLE.

Principalité de la Ciotat.

Les Lecques — La Ciotat — Cassis.
Marseille, ouvert aux retours des colonies françaises, au commerce du Sénégal, à l'entrepôt des marchandises étrangères, à l'importation des tabacs, et par sa position et son lazaret, presque exclusivement réservé aux retours du commerce du Levant.

Principalité de Martigues.

Carry — Les Martigues — Port-de-Bouc.

Principalité d'Arles.

Arles — les Maries.

D^{on}. DE CETTE.

Principalité de Cette.

Aigues-Mortes — Cette, ouvert aux retours des colonies, au commerce du Sénégal, à l'entrepôt des marchandises étrangères, et à l'importation des tabacs.

D^{on}. DU PORT-LA-VICTOIRE.

Principalité de Narbonne.

Narbonne — la Nouvelle.

Principalité de Perpignan.

Sur la côte, St.-Laurent de la Salanque — Canet.
2e. ligne. Perpignan — Thuir — St.-Martial — Villefranche — Olette — Py.

Principalité du Port-la-Victoire.

Collioure — Port-la-Victoire — Bagnols.

Principalité de Ceret.

1ere. ligne. Le Perthus — St.-Laurent de Cerda — Pratx de Mollo.
2e. ligne. St.-Genis — le Boulou — Ceret — Arles.

D^{on}. D'AX.

Principalité de Saillagousse.

1ere. ligne. La Cabanasse — Saillagousse — Estavar — Palau — Hix — Portes — Carols.
2e. Puy-Valador.

Principalité de Tarascon.

1ere. ligne. Mercus — Ax — Aston — Siguer — Auzat.
2e. ligne. Prades-de-Montaillon — Tarascon — Massat.

Principalité de Seix.

1ere. ligne. Aulus — Uston — Conflens — Bordes — Senteim — Orles — St.-Lary (il touche à Couldoux, le premier des bureaux de la Direction de Bayonne.)
2e. ligne. Seix — Monlis.

PARIS.

Douane d'expédition pour ce qui y est présenté pour être exporté, et où la vérification et le plombage dispensent de toute autre visite à la sortie.

CHANGEMENS DEPUIS L'IMPRESSION.

ENTRÉE.

Cornes (feuilles transparentes de) désignées au tarif, sous la dénomination de cornes claires à lanterne, classées à la mercerie, paieront, d'après l'arrêté du 4 pluviose an 11, par cent quatre feuillets, celles de 19 à 24 centimètres de longueur, sur 19 à 22 de largeur...... **8**

De 14 à 16 centimètres, sur 11 à 14.................... **6**

De 11 à 14 centimètres, sur 11...................... **4**

De 11 et au-dessous, sur 11 et au-dessous.......... **3**

Cornes plates à faire des peignes (même arrêté), par 5 myriagrammes......... **12**

Sel ammoniac. (*Arrêté du même jour*), par kilogramme. Venant d'Égypte directement sur vaisseau français, un tiers seulement du droit.

SORTIE.

Beurre, par les départemens maritimes, par 5 myriagrammes..................... **5ʰʳ·**

ENTREPÔT.

Bayettes peuvent être entreposées pour le commerce d'Afrique. (*Décision du 28 nivose an 11.*)

ENTREPÔT DE STRASBOURG.

La durée en a été étendue à six mois. (*Arrêté du 4 pluviose an 11.*)

TRANSIT.

Les marchandises étrangères permises, à l'exception des toiles peintes, mousselines et tabacs en feuilles, pourront transiter par terre, de l'étranger à l'étranger, en entrant par le bureau d'Oppenheim, passant par celui de Strasbourg et sortant par celui de Bourg-Libre, et réversiblement, en acquittant le droit de balance du commerce. (*Arrêté du 4 pluviose an 11, art. 2.*)

Elles devront suivre leur destination pour l'étranger, sans pouvoir être mises dans l'entrepôt de Strasbourg. (*Art. 3.*)

Page 25. Pain de navette : *au lieu de* 1 franc 2 cent., *lisez* 4 franc le $\frac{0}{0}$ métrique.

Même page. Huiles de poisson : *au lieu de* 2 francs 50 cent., *lisez* 12 francs 50 cent. par $\frac{0}{0}$ métrique.